★ 코로나19 시대, 게임산업 패러다임의 새로운 시도 ★
☆ 대한민국 7인의 인디게임 성공스토리 ☆
★ 게임전문가가 전하는 인디게임 투자유치와 마케팅 전략 노하우 ★
☆ 게임 취·창업을 준비하는 청년들을 위한 생생한 현장 멘토링 ☆

인디게임이 몰려온다

최중빈

박영사

　대한민국은 2,000년대 초반에 전 세계 온라인 게임시장을 석권한 이력이 있는 매우 잠재력이 있는 나라입니다. 스마트폰의 등장으로 게임산업 시장은 일대의 격동의 시기를 거치면서 중국이라는 거대한 강호가 등장하게 되고, 대한민국 게임산업은 잠시 주춤하는 양상을 보이기도 했습니다. 그러나 여전히 대한민국은 게임산업 시장에서 강자이며, 무한한 가능성을 가진 나라임에는 틀림이 없습니다.

　이제 대한민국 게임산업은 또 한번 점프를 하여 터닝포인트를 해야 할 시기를 맞이하였습니다. 불과 5년 전부터 경기도를 중심으로 이러한 변화들의 조짐이 보이기 시작하였습니다. 그것은 바로 1인 개발자 그리고 소규모 팀으로 운영되는 인디게임 개발업체들이 등장하기 시작한 것입니다. 그들은 그들만의 독특한 철학과 스토리를 가지고 게임을 개발하기 시작하였으며, 1인의 위대함을 보여 주기 시작했습니다.

　이러한 점에서 이 책은 인디게임의 최신 트렌드는 물론 인디게임 개발자들의 도전과 성공 스토리가 아주 상세히 담겨져 있습니다. 그 뿐만 아니라 인디게임 창업자들의 취약한 투자와 마케팅 전략, 인디게임을 육성하고자 노력하는 대한민국 지자체의 정책들이 아주 상세히 소개되고 있습니다. 또한 구글 등에서 잠재력이 무궁무진한 인디게임 개발자를 찾기 위한 노력들이 잘 설명되어 있습니다.

이 책은 인디게임을 준비하는 창업자, 개발자, 그리고 게임을 좋아하는 유저들 그리고 게임을 사랑하는 많은 독자들에게 아주 좋은 길라잡이가 될 것입니다.

2021년 2월
전) 한국게임학회 회장, 현) 게임물관리위원회 위원장 이재홍 인디게임이 대한민국에 정착하기까지는 많은 인디게임 개발자와 인디게임 회사의 임직원, 그리고 인디게임 애호가들의 많은 노력이 있어야 했습니다.

마인크래프트를 필두로 발전하기 시작한 인디게임은 이제 구글이 이 시장에 뛰어들 정도로 눈부신 발전을 하고 있습니다. 구글은 몇 년 전부터 우수한 인디게임 개발자를 발굴하기 위한 구글 인디게임 페스티벌을 개최하고 있으며, 부산시는 부산인디커넥트페스티벌BIC을 운영하며 인디 개발자를 위한 축제의 장을 마련하고 있습니다.

경기도는 이미 오래전부터 인디게임 개발자를 위한 아카데미와 오디션을 통해 수많은 인디게임 개발자들의 등용무대를 마련하고 있으며, 서울시 및 문체부도 인디게임 산업을 키우기 위한 다양한 정책들을 만들어 내고 있습니다.

이 책은 대한민국의 인디게임 트렌드 및 주요 정책을 소개함은 물론 대한민국의 대표적인 인디게임 회사 7곳의 인디게임 개발 도전기와 성공기에 대한 이야기를 재미있게 소개하고 있습니다. 대한민국의 대표적인 인디게임 도전기와 성공사례를 소개하는 것은 아마 이 책이 처음일 것이라 생각합니다.

이 책을 읽는 많은 독자들이 대한민국의 인디게임을 사랑하고, 인디게임 개발자들의 노력을 알아 주었으면 합니다. 그리고 우리 국민들이 대한민국의 인디게임이 마인크래프트처럼 글로벌 시장에서 빛을 낼수 있도록 응원해 주셨으면 합니다.

2021년 2월

한국인디게임협회 회장 최훈

흔히 판교하면 엔씨소프트, 넥슨, 네오위즈, 스마일게이트 등의 대형 게임 개발사가 밀집한 곳으로 많은 이들이 생각하고 있지만, 실제로 판교에는 1인 또는 소수의 팀으로 자신의 철학과 신념을 갖고 게임을 개발하는 많은 인디게임 업체들이 있다. 수백억 원의 개발비가 들고 100명 이상의 인력이 투입되는 대형게임에 비하면 이들은 몇 천만 원에서 몇 억 원의 자금으로 게임을 개발하고 1인 또는 소수의 팀으로 창업을 시작한다.

골리앗과 다윗의 싸움처럼 인디게임 개발사는 그들만의 독특한 이념과 철학 그리고 스토리텔링을 가지고 대형 게임회사들과 맞서고 있으며, 실제로 5년 전부터 이러한 인디게임 개발사들이 수십억 원에서 수백억 원의 매출을 일으키며 성공사례를 만들어 내고 있다.

이 책에서는 게임 시장의 지각 변동을 일으키고 있는 대한민국의 인디게임과, 국내 대표적인 성공사례로 뽑히고 있는 인디게임 일곱 개를 독자들에게 소개하고자 한다.

현재 이러한 인디게임 시장의 비전을 보고 경기도와 서울시, 부산시는 다양한 인디게임 정책들을 쏟아 내고 있다. 더불어 이 시장의 폭발적인 가능성을 보고 뛰어든 구글이 어떻게 인디게임 개발자를 발굴하고 육성하고 있는지 설명한다.

그리고 인디 개발자와 창업자들이 가장 궁금해하는 투자유치 전략과 인디게임 마케팅 노하우는 저자가 직접 인터뷰를 하여 가장 최적화된 솔루션을 제시하였다.

마지막 장에서는 대한민국의 게임 시장의 미래를 주도할 '다음 세대들'을 위한 인디게임 전문가들의 조언과 충고를 멘토링 형식으로 담아 내었다.

일반적으로 게임 유저와 애호가들은 'LOLLeague of Legends'과 '배틀그라운드' 등의 대형 게임들이 게임 시장을 지배하고 있다고 알고 있지만, 실제로 많은 게임 애호가들은 독특한 철학과 스토리를 가진 인디게임을 좋아하고 있으며, 두터운 팬층을 형성하고 있다. 국내에서 성공한 인디게임이지만 일반인 및 게임 창업준비자에게 알려지지 않은 인디게임 창업 성공사례를 소개하여 국내 인디게임 시장에 활력을 불어넣었으면 한다.

이 책이 나오기까지 인디게임을 개발하고 인디게임 산업을 위해 노력해 주신 인디게임 종사자분들에게 감사드린다. 특별히 인디게임 개발자 및 이용자, 그리고 독자들에게 자신의 경험과 사례를 소개할 수 있도록 인터뷰에 응해 주신 키위웍스 장수영 대표님, 버프스튜디오 김도형 대표님, 하이디어 김동규 대표님, 나날이 스튜디오 박재환 대표님, 지원플레이그라운드 한상빈 대표님, 드레이크마운트 주재학 대표님, 문틈 지국환 대표님에게 진실로 감사하다는 말씀을 꼭 드리고 싶다.

또한 자신들의 노하우를 인디게임 발전을 위해 알려 주신 컴퍼니B 엄정한 대표님, GTR 김호규 지사장님, 이크럭스벤처파트너스 정무열 전무님, CUBEPLAY 김상연 대표님, 경기콘텐츠진흥원 김창주 팀장님, 경기콘텐츠진흥원 이상혁 매니저님에게 진심으로 감사드린다.

이 책을 집필할 수 있게 지혜를 주신 주님께 감사드린다. 집필하는 동안 힘이 되어 준 아내와 아들에게 감사한다. 또한 부족한 나를 위해

끝까지 응원해 주신 한국지식재산연구원 권택민 원장님, 게임물관리위원회 이재홍 위원장님, 한국인디게임협회 최훈 회장님께 감사의 마음을 전한다. 끝으로 출간을 허락해 주신 박영사 관계자 여러분께 감사의 말씀을 전한다.

    이 책을 통해서 많은 독자들이 대한민국의 인디게임을 위해 헌신하는 개발자와 임직원들을 응원했으면 한다. 그리고 이 책을 통해 미약하지만 대한민국의 인디게임 산업이 건전한 생태계를 이루어 글로벌 시장으로 도약하길 간절히 기대한다.

2021년 2월
최중빈

🎬 차 례

CHAPTER **1**

게임 시장의 변화와 인디게임의 등장

003　1. 게임 시장의 지각변동과 인디게임의 등장

008　2. 숨은 진주를 찾아라, 우수 인디게임 발굴과 유치

011　3. 인디게임 시장 개척자 경기도

016　4. 인디게임 시장에 뛰어드는 서울시와 부산시

020　별지 1. 인디게임 전문가 3인이 말하는 대한민국 인디게임의 미래

CHAPTER **2**

대한민국 7인이 보여 준 인디게임의 기적

025　1. 1인 개발자로 연 매출 40억 원 돌파: 키위웍스 〈마녀의 샘〉

032　2. 낭떠러지에서 회사를 구하다: 버프스튜디오 〈마이 오아시스〉

038　3. 주요 동남아 국가 인디게임 1위: 하이디어 〈언데드 슬레이어〉

045　4. 앱스토어와 구글플레이 유료게임 2위: 나날이 스튜디오
　　　〈샐리의 법칙〉

051　5. 2018 구글 인디게임 페스티벌 Top 3: 지원플레이그라운드
　　　〈트릭아트 던전〉

056   6. 제8회 게임창조오디션 1위: 드레이크마운트 〈드레이크&트랩〉

061   7. 구글플레이 인기게임 순위 8위: 문틈 〈던전을 찾아서〉

066   별지 2. 실패를 통해서 배우는 게임 창업 스토리… CUBEPLAY
                김상연 대표에게 듣다

CHAPTER **3**

인디게임 창업의 성공적인 투자유치 전략

073   1. 게임 자체의 재미에 집중하라

076   2. 게임 개발 방향의 Main Key를 잡아라

081   3. GTR이 말하는 3단계 투자유치 전략

084   4. 본인이 계획하는 게임과 BM(비즈니스 모델)을 테스트하라

089   별지 3. 국내 유일 게임 전문 엑셀러레이터 GTR을 만나다

092   별지 4. 이크럭스벤처파트너스 정무열 전무가 말하는 게임의 초기투자와
                메인투자 전략

CHAPTER **4**

게임 전문가가 말하는 인디게임 마케팅 노하우

097   1. 철저한 Data 분석(잔존율, 지불률 등)과 원가분석을 이용하라

101   2. 유저들의 소셜파워를 적극 활용하라

105   3. 나의 게임을 위해 다양한 파트너를 발굴하고 활용하라

110   4. 매력적인 트레일러로 유저의 눈길을 끌어라

CHAPTER **5**

게임기업 취·창업을 준비하는 청년들에게

119   1. 게임 제작이 일상이 되는 습관을 길러라

123   2. 기획–개발–서비스에 대한 일련의 경험을 축적하라

126   3. '생각하는 힘'을 길러라. 게임의 성공은 창의력과 독창성이다

131   4. 게임 개발자가 정답은 아니다. 내게 맞는 직군이 무엇인지를
      찾아라

137   별지 5. 대한민국 게임 창업자의 데뷔무대 '새로운경기 게임오디션'을 만
      나다

143   별지 6. 게임 창업을 준비하는 청년들에게 소개하는 '경기게임아카데미'만
      의 경쟁력

CHAPTER **6**

맺음말   149

게임 시장의 변화와
인디게임의 등장

인디게임이 몰려온다

01 게임 시장의 변화와 인디게임의 등장

1
게임 시장의 지각변동과 인디게임의 등장

전 세계적으로 게임산업 시장은 포화상태에 이르고 있으며, 많은 청년들이 게임 창업에 도전하고 있다. 그러나 이마저도 대형 게임 개발사의 대규모 자본과 마케팅에 의한 시장지배력으로 인해 생존하기 힘든 상황이다. 이러한 거대한 게임 시장의 틈새시장으로 부상하고 있는 것이 인디게임 시장이다.

해외에서는 이미 '마인크래프트'가 성공을 거두면서 많은 1인 개발자들이 인디게임 시장으로 진출하기 시작했다. 목장이야기 인디게임인 '스타듀 밸리' 역시 대표적 사례 중 하나이다.

국내 게임 시장 역시 과거와 달리 1인 또는 소수의 팀으로 운영하는 인디게임 창업이 증가하고 있는 추세이다. 키위웍스나 퍼즈데이 스튜디오는 수십억 원이 넘는 매출을 올리면서 인디게임 시장에서 급부상하고 있다. 또한 대학생들이 모여서 개발한 '던그리드', 심해의 수중 생물을 키우는 '어비스리움' 등이 큰 성공을 거두면서 인디게임은 게임 생태계의 커다란 변화를 이끄는 새로운 요인으로 주목받고 있다.

인디게임 및 1인 게임 개발의 확장으로 게임 창업은 지속적으로 증가하고 있으며, 인디게임의 지속적 증가로 게임 창업은 2000년대 초반 이후로 제2의 창업 전성기를 맞이하고 있다. 이러한 인디게임 창업 시장의 폭발적인 증가에는 스팀, 구글플레이, 애플스토어, 그리고 최근에는 닌텐도 스위치에 이르기까지 인디게임 개발자를 위한 다양한 플랫폼의 등장도 한 몫을 하고 있다.

이러한 추세를 반영하여 서울시, 경기도, 부산시, 성남시 등이 인디게임 육성을 위한 다양한 정책과 사업을 만들어 내고 있다.

그러나 국내 인디게임산업은 아직 시작단계에 불과한 만큼 개선해야 할 점이 많다. 예를 들어 인디게임이라도 쉽게 창업은 할 수 있으나 성공하기 위해서는 철저한 준비기간이 필요하다. 실제로 경기글로벌게임센터에 입주한 인디게임 업체의 경우 평균 2년에서 5년 정도의 개발 준비 기간이 있었거나, 또는 다른 게임 개발사에서 게임 개발 경력이 5년 이상 넘은 개발자가 50% 이상을 넘었다.

인디게임 시장이 모두에게 개방적이기는 하나 그 속에서 살아남기 위해서는 철저한 사업 준비와 충분한 게임 개발 경험이 선행되어야 한다.

인디게임indie game의 인디indie란 산업경제학에서 쓰이는 용어로 인디펜던트independent로부터 파생된 단어이다. 결국 인디게임이란 독립게임으로서 개인 또는 소규모 집단이 자율적으로 개발하여 배급을 한 게임을 말한다. 또한 인디게임은 시장에서 검증되지는 않았지만 개발자가 보다 자유로운 형식에서 자신이 개발하고 싶은 독창적인 게임이라고 할 수 있다.[1]

인디게임은 투자자나 퍼블리싱 회사로부터 비교적 자유롭고 이들

---

1 김민규, "한국 인디문화에 대한 사회학적 연구", 고려대학교 대학원 박사논문, 2001, p. 2.

회사로부터 게임 개발에 대한 간섭을 적게 받는다. 따라서 대규모 자본이 투입되는 대형 게임과 달리 소규모 개발자들끼리 원활한 소통을 통해 개발되기 때문에 개인주의적 성향이 강하게 나타나는 특징이 있다.[2]

인디게임은 게임 개발자의 창의적 노력들이 집약된 산출물로서 게임 매체를 통하여 다양한 시도들을 도전하고 구현해 내려는 실험의 무대로 등장하고 있다. 이러한 방향성을 토대로 인디게임 개발자들은 디자인, 서사구조, 캐릭터, 인터랙션 등 다양한 표현 방식을 구사한다.[3] 최근 들어 비교적 빠른 성장세를 보이고 있는 인디게임은 스팀Steam 플랫폼에서 2018년 기준 전 세계적으로 누적 수량 1만 개를 돌파했으며 연간 3,000개씩 증가하고 있는 추세다.[4]

인디게임의 변화를 최근 상황을 바탕으로 정리하면 다음과 같다.

첫째, 인디게임을 위한 플랫폼의 다변화이다. 이미 애플스토어, 구글플레이, 스팀Steam 등이 인디 개발자를 위한 오픈형 플랫폼을 제공한 지는 오래이다. 그러나 최근에 각광받고 있는 것은 닌텐도 스위치Nintendo Switch 플랫폼의 등장이다. 오랫동안 인디 개발자들을 외면해 온 닌텐도는 최근 인디게임 친화적 플랫폼 홀더로 이미지를 변경하였다. 즉 인디 개발자와의 친화적 비즈니스를 구축하기 위해 닌텐도 스위치 플랫폼을 구축한 것이다. 닌텐도 플랫폼은 PC게임 사이트보다 인디게임을 다루는 수용력이 높다고 평가받고 있으며 실제로 많은 인디게임 개발자들이 닌텐도 스위치에서 큰 성공을 거두고 있다.[5]

---

2 온유연, 조동민, "모바일 인디게임의 특이성에 관한 연구", 한국기초조형학회, 2019(Vol.20), p. 295.

3 공다솜, "인디게임의 표현양식 실험에 관한 연구: 「스탠리패러블」의 시점과 서사분석을 중심으로", 연세대학교 커뮤니케이션대학원 석사논문, 2016, p. 6.

4 한국콘텐츠진흥원 북경 비즈니스센터, "중국 콘텐츠산업 동향", 2018(23호), p. 4.

5 Lewis Denby, "Analysing indie game marketing trends: What you should know going into 2019", GAMASUTRA: The Arts & Business of Making Games, 2018.

〈러너3〉, 〈블래스터 마스터 제로〉, 〈단다라〉 등의 독점 타이틀 외에 스위치를 통해 출시된 대부분의 소규모 인디게임들은 이미 타 플랫폼에서 먼저 출시된 경우가 많았음에도 불구하고 기존의 판매량을 뛰어넘는 경우가 많았다. 2014년 6월에 발매된 야츠 클럽 게임즈의 〈쇼벨 나이트〉는 2017년 2월 출시된 스위치 버전이 다른 모든 플랫폼보다 높은 수치의 매출을 나타냈다. 또한 팀체리의 〈할로우 나이트〉는 스위치 버전 출시 2주 만에 전체 판매량의 25%인 25만 장을 판매했다. 이는 16개월 판매한 양의 3분의 1을 차지하는 수치이다.6

둘째, 인디게임 업체를 위한 엑셀러레이터의 등장을 들 수 있다. 이미 국내 엑셀러레이터는 200개를 넘어섰으며2018년 말 기준, 발굴 육성하는 스타트업의 분야도 점점 세분화·전문화되는 중이다. 이와 같은 추세는 게임산업에서도 이어져 GTR 등이 게임 창업에 필요한 엑셀러레이팅 프로그램을 운영하고 있다.

인디게임 개발자들은 우수한 개발능력에 비해 창업에 필요한 비즈니스 모델 수립, 마케팅, 투자, 퍼블리싱 능력이 부족한 상황이다. 엑셀러레이터는 이러한 인디게임 개발자의 부족한 역량을 교육과 멘토링, 네트워킹, 퍼블리싱 전략 수립, 데모데이, 투자매칭 등의 프로그램을 통해 사업자의 경영능력을 한 단계 업그레이드시켜 준다. 실제로 많은 인디게임 개발자들이 경기콘텐츠진흥원이 운영하는 엑셀러레이팅 프로그램인 G-START, 전문 엑셀러레이터인 스파크랩과 롯데 엑셀러레이터의 배치 프로그램 등에 참여하여 데스밸리Death Valley를 넘어서는 비즈니스 안정화 단계를 만들어 내고 있다.

인디게임은 상업화가 쉽지 않기 때문에 투자유치에 매우 취약한 경우가 많다. 게임의 개발부터 중장기 전략과 투자유치 방식을 고려해

---

6 한국콘텐츠진흥원, "2018 대한민국 게임백서", pp. 438-439.

야 하는 인디게임 개발자에게 투자유치는 가장 큰 장애 요소이다. 실제로 Kickstarter에서 2017년 크라우드 펀딩에 성공한 게임은 총 350개인데 이는 2016년 대비 9%의 감소한 수치이다.7 엑셀러레이터는 이러한 인디게임 개발자의 투자유치 약점을 보완할 수 있고 그들의 네트워크를 통하여 우수한 투자자를 만날 수 있는 기회를 제공한다.

마지막으로, 국내 인디게임 시장에서 주목할 시장변화는 지자체와 글로벌 기업들의 인디게임 투자 성향이 강화되고 있다는 것이다. 서울시는 창의적이고 혁신적인 인디게임 콘텐츠 발굴과 육성을 위해 인디게임 제작지원을 시행함은 물론, 우수인디게임 발굴과 성공사례 창출을 위해 '제1회 SBA 인디게임 패스트트랙'을 개최한다. 경기도는 인디게임의 체계적인 운영과 확산을 위해 게임아카데미에서부터 우수게임 발굴을 위한 게임오디션, 그리고 인큐베이팅과 해외진출까지 경기도 게임 창업 생태계를 조성하기 위해 노력하고 있다. 부산시 역시 인디게임 확산을 위해 인디게임을 게임도시 부산을 위한 5대 전략과제로 설정하고 인디게임 개발자를 위한 다양한 프로그램을 전개하고 있다. 대표적으로 부산 인디커넥트페스티벌BIC Festival을 개최하여 국내외 인디게임 개발자를 위한 비즈니스 미팅 및 축제의 장을 매년 마련하고 있다.

한편 글로벌 기업에서는 SK C&C와 구글플레이가 막대한 자본과 자원을 동원하여 우수한 인디게임 발굴과 시장 확산을 위해 노력하고 있다.

이렇듯 인디게임은 해외는 물론 국내에서 게임산업의 새로운 생태계를 조성하는 하나의 축으로 작용하고 있다. 인디게임 생태계 조성을 위해서는 인디게임 퍼블리싱을 위한 플랫폼의 다각화 노력과 인디게임 창업과 우수 인디게임 확산을 위한 정책적 다변화가 필요하다. 특히 산-학-관 협력을 통해 교육-기획-제작-투자-유통으로 이어지는 강력

7 한국콘텐츠진흥원 북경 비즈니스센터, "중국 콘텐츠산업 동향", 2018(23호), p. 10.

한 게임 생태계에 조성이 더욱 절실히 필요하다.

2

숨은 진주를 찾아라, 우수 인디게임 발굴과 유치

인디게임 개발자의 가장 큰 특징은 뭔가에 홀려 있고, 자신만의 독특한 철학과 스토리텔링을 가지고 게임 개발에 몰두한다는 것이다. 물론 다 그런 것은 아니어도, 인디게임 개발자 중 일부는 그런 집요한 집념과 끈기로 자신이 만들고자 하는 게임을 성공적으로 완성한다는 사실이다. 이런 뭔가에 홀린 듯한 개발자들이 어딘가에 숨어 있고, 간혹 예상치도 못한 게임들을 출시하여 성공시킨다. 그리고 그런 숨은 보석을 찾기 위해 글로벌 기업들은 혈안이 되어 있다.

애플에서는 '셀러브레이팅 인디게임즈Celebrating Indie Games'라는 1회성 이벤트를 통해 인디게임을 알리는 이벤트를 진행하였었고 애플 이용자들의 호응이 높아 인디게임만을 별도로 소개하는 '인디쇼케이스 IndieShowcase'라는 영구적인 페이지를 개설하였다.[8]

구글플레이는 우수한 인디게임 개발사 발굴과 건강한 인디게임 생태계 조성을 위해 2016년부터 인디게임 페스티벌을 개최하였다. 결승에 진출한 Top 20에게는 국내 구글플레이 스토어의 인디게임 페스티벌 컬렉션 내 게임 게시, 구글 홈 기기 1대, 150달러 상당의 유니티 스토어 바우처, 플레이 타임 행사 참석 등의 기회를 제공한다.[9]

---

[8] https://www.appleworld.today/blog/2017/3/17/apple-celebrating-indie-games-th is-week-and-in-the-future.

[9] 유다정, "구글플레이, '구글플레이 인디게임 페스티벌 2019' Top 3 선정", 디지털투데이, 2019. 6. 30.

Top 10으로 선정된 개발사에게는 Top 20에게 주어지는 혜택은 물론 국내 구글플레이 스토어 인디게임 페스티벌 Top 10 특집으로 게임을 소개하고, 플레이 인기코너 내 인터뷰를 게시한다. 그리고 구글플레이 유저 및 안드로이드 개발자 대상 게임 홍보 마케팅을 지원함은 물론 구글 전문가와의 맞춤 심화 컨설팅도 제공한다. Top 3 개발사에게는 이 모든 혜택과 더불어 국내 구글플레이 스토어 내 개별 배너 및 추천 게임 컬렉션에 게임을 소개하고, 구글 전문가의 사업과 마케팅 그리고 비즈니스 고도화에 대한 심층적인 컨설팅을 받을 수 있다. 또한 구글플레이 소셜 채널 내 게임 홍보 콘텐츠가 게재되고, 유튜브 크리에이터의 Top 3 게임 소개 영상 제작 등을 제공한다. 그리고 스마일게이트 메가포트사의 개발지원금이 개발사당 천만 원씩 주어진다.[10]

구글플레이는 또한 2019년 3월 중소벤처기업부, 창업진흥원과 공동으로 인디게임을 포함 국내 앱·게임 개발사를 위한 혁신 성장과 글로벌 진출을 돕기 위해 '창구' 프로그램을 출범시켰다. 첫 창구 프로젝트에는 3~7년 차 도약기에 있는 60개사가 선정됐다. 선정된 회사 중 36개사가 게임 개발사로 가장 큰 비중을 차지하였다.[11]

창구 프로젝트는 중소벤처기업부의 '창'업도약패키지 지원 프로젝트와 앱·게임 개발 스타트업들의 글로벌 진출을 지원하는 '구'글 플레이에서 각각 앞 글자 '창+구'를 인용한 프로젝트다. 스타트업이 죽음의 계곡을 넘어 성장 고도화를 이뤄 낼 수 있도록 지원하는 스케일업 프로젝트이다. 현재 이를 지원하기 위한 오디션 프로그램인 '100인의 선택과 턴업 2019'가 방영되고 있다.

선정된 스타트업은 중기부 지원으로 평균 약 1억 8,000만 원 상당

10 유다정, "구글플레이, '구글플레이 인디게임 페스티벌 2019' Top 3 선정", 디지털투데이, 2019. 6. 30.
11 이주환, "구글, 중기부와 60개 앱·게임 업체 지원", 더게임즈데일리, 2019. 7. 25.

의 사업화 자금을 받으며 지스타G-STAR에 참여할 수 있는 기회를 제공받는다. 이 중 추가로 두 차례의 발표 심사를 거쳐 상위 30위 스타트업에게는 최대 약 3억 원 규모 상당의 사업화 자금과 태국 및 인도네시아에서 개최하는 글로벌 부트캠프에 참여할 수 있는 기회도 제공된다.

특히 인디게임 스타트업에 관해서는 개발 장르마다 타깃 시장과 유저층이 상이하기 때문에 각 스타트업의 개발 계획을 파악한 후에 맞춤형 컨설팅을 제공한다. 인디게임 개발사가 원하는 나라에 맞춰 어떤 요소들이 부족한지 보완하고 체계적인 전략을 세울 수 있도록 지원하는 것이 구글의 전략이다.

이렇듯 스마트콘텐츠 생태계의 세계 양대 산맥을 이루는 애플과 구글이 직접 우수 인디게임을 발굴하고 육성하는 것은 미래의 인디게임 시장에 있어 매우 긍정적이다.

SK C&C 역시 토털 클라우드 서비스인 '클라우드 제트'를 이용해 참신하고 독창적인 인디게임 개발사를 발굴, 육성한다. SK C&C는 한국 인디게임협회와 함께 클라우드 제트를 활용하여 국내 인디게임 개발사의 게임을 개발부터 론칭, 그리고 마케팅까지 직접 지원하는 프로젝트를 진행하기 위해 게임성과 독창성, 아이디어의 우수성, 발전 가능성을 평가해 H&S 팀과 CONNECTION 팀 2팀을 선정하였다.[12]

SK C&C 클라우드 제트를 기반으로 클라우드 자원을 언제든 쉽게 이용할 수 있는 서버리스 컴퓨팅 환경을 제공하고 개발사가 탄력적인 인트라 네트워크를 설계 운영할 수 있음은 물론 게임의 성능 테스트도 이용하도록 도와준다. 게임 론칭 후에는 런칭 영상 제작과 광고, 그리고 SNS 스타와 함께하는 인플루언서 마케팅도 제공할 계획이라고 밝혔다.[13]

---

12 이승필, "SK C&C, '클라우드 제트'로 국내 인디게임사 발굴 육성", TechHolic, 2018. 7. 5.
13 강미선, "SK(주) C&C, 인디게임사 육성 나선다", 머니투데이, 2018. 7. 5.

　이처럼 글로벌 기업에서 인디게임을 적극 발굴하고 육성하고자 하는 것은 국내 인디게임 개발자들이 가진 우수한 아이디어와 독창적인 개발능력 때문이다. 우수한 아이디어와 개발능력을 가진 인디게임 개발자를 시장으로 불러내어 그들이 가진 잠재력에 대기업이 가진 인프라와 자본을 활용한다면 한국 시장에서도 마인크래프트와 같은 세계적인 인디게임이 나올 가능성이 크다.

　다만 이 경우 인디게임 개발사가 가장 두려워하는 IP 보호와 퍼블리싱의 공정 계약, 대기업의 스타트업 경영권 인수 등은 인디 개발자와 인디게임기업의 보호적 측면에서 충분히 고려되어야 한다.

3

인디게임 시장 개척자 경기도

국내 게임 시장의 48%를 점유하고 있는 경기도는 국내에서 가장 먼저 인디게임 확산과 육성을 위해 노력한 지자체 중 하나이다. 한국 게임 시장의 절반가량인 4조 원의 매출이 경기도에서 발생하는 만큼, 경기도는 인디게임 육성에 있어서도 단순한 제작지원이나 페스티벌에 그치지 않고 체계적인 발굴과 육성으로 국내 인디게임산업 육성에 기여하고 있다.

■ 게임 시장 규모

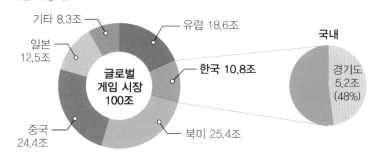

■ 경기도 소재 게임사 규모

 사업체 약 2,500개

 종사자 약 20,000명

■ 경기도 내 주요 게임사

그림 1. 경기도 게임산업 현황(2018.12월 기준)
출처: 2018 경기도 게임아카데미 성과조사 분석 보고서

경기도는 게임사가 2,500개, 종사자가 약 20,000명에 달할 정도로 국내 게임산업의 메카로 자리 잡고 있다. 〈그림 1〉에서 보듯이 경기도에는 엔씨소프트를 비롯하여 스마일게이트, 넥슨 등 국내 대형 게임사들이 밀집하여 있다. 그뿐만 아니라 많은 중소형 게임사들이 2014년부터 판교 테크노밸리로 몰리고 있다.

또한 2016년부터 2018년까지 경기도의 게임산업 추진성과를 살펴보면 지원 기업수가 604개사, 일자리 창출 414명, 창업지원수가 76건에 달할 정도로 매년 급속한 성장세를 보이고 있다〈그림 2〉.

■ 경기 게임산업 지원사업 추진 성과('16년~'18년)

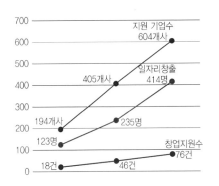

그림 2. 경기도 게임산업 추진 성과
출처: 2018 경기도 게임아카데미 성과조사 분석 보고서

경기도는 이러한 실적과 게임 인프라를 바탕으로 2022년까지 약 533억 원을 투자하여 게임산업을 육성할 계획을 발표한 바 있다. 2022년까지 중소 게임기업 집중 지원, e-스포츠 육성, 마이스 산업과 연계한 산업 생태계 활성화 등 3개 분야를 집중 육성할 계획이다〈그림 3〉.

그중 가장 우선순위를 두고 추진하는 것은 인디게임산업 육성이다. 2022년까지 292억 원의 예산을 투입하여 인재양성, 기업육성, 글로벌 진출을 집중 지원한다.14 이를 통해 우수한 인디게임 개발자 육성을 위한 게임아카데미를 확대하며, 우수한 인디게임 발굴을 위한 게임오디션의 경우 선발인원을 22년까지 80개 팀을 추가로 지원하여 170개 팀까지

---

14 경기콘텐츠진흥원, "2018년 경기도 게임아카데미 성과조사 분석 보고서".

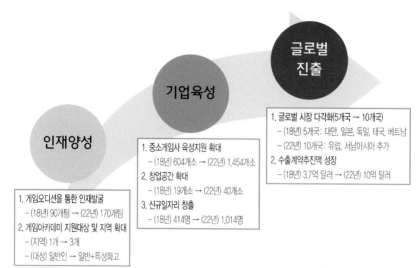

그림 3. 경기도 게임산업 중장기 육성 계획
출처: 2018 경기도 게임아카데미 성과조사 분석 보고서

늘릴 계획이다.15

　　올해로 9기를 모집하고 있는 경기게임아카데미는 인디게임 개발자
들이 가장 선호하는 커리큘럼을 구성하고 있으며〈표 1〉, 실제로 경기게임
아카데미 스타트업 과정 1기 퍼즈데이 스튜디오는 1인 기업으로, 단기
매출 16억 이상, 100만 이상 다운로드 게임 3건 외 5개 이상 게임을 출
시하는 성공적인 모델로 자리 잡았다.

15　전찬혁, "경기도, 2022년까지 게임산업에 533억 투자", (주)경기타임즈, 2019. 4. 30.

표 1. 경기게임아카데미 커리큘럼

구분	주요 커리큘럼
개발 교육	• 겸임교수 및 전임강사 밀착형 프로젝트 멘토링 • 현직 실무자 기술교육 및 프로젝트 멘토링 • 담당교수제 지정을 통한 수강생/프로젝트 관리 • 업무일지 작성, 격주 쇼케이스, 마일스톤제도를 통한 프로젝트 관리 • 개발지원금 지급
창업 교육	• 인사/노무/회계/세무/마케팅/IR 등 창업분야 특강교육, 피칭교육 등 • 창업멘토링데이 개최, 창업 전문가 1:1 멘토링 실시 • 게임 전문 퍼블리셔 초빙 데모데이 개최
서비스 교육	• 프로젝트 상용화를 위한 교육 중심체계 • 퍼블리싱, 번역, QA, 사운드, 마케팅 전문가 초빙 1:1 멘토링 실시 • 앱 스토어/구글 플레이스토어 피처드 관련 교육 • 애즈(ads)관련 교육을 통한 안정적 BM구성

경기게임아카데미는 탄탄한 커리큘럼을 바탕으로 후속 지원을 위해 우수한 게임 개발자를 선발하여 개발지원금 지원, 입주공간 지원, 상용화 지원, 글로벌 진출 지원 등을 체계적으로 지원한다. 경쟁률은 4:1에서 10:1까지 매년 증가하고 있으며, 기수당 10개 프로젝트를 모집한다.[16]

또한 경기창조경제혁신센터와 경기스타트업캠퍼스에 총 33개의 인디게임 개발사를 위한 경기글로벌게임센터라는 인큐베이팅 공간이 마련되어 있어, 매년 우수한 인디게임들이 성공사례를 만들어 내고 있다. 대표적으로 새로운경기 게임오디션 우승자인 키위웍스의 마녀의 샘은 1인 기업으로, 유료 100만 다운로드 이상, 매출 50억 이상의 실적으로 보이고 있으며, 루미디아 게임즈의 슈퍼탱크대작전은 글로벌 1,000만 다운로드 이상, G1 Playground의 트릭아트 던전은 구글스토어 유료게임 3위를 차지하였다2019년 6월 기준.[17]

16 경기콘텐츠진흥원, "2019년 게임산업 육성 계획".
17 경기콘텐츠진흥원, "2019년 경기도 게임아카데미 성과조사 분석 보고서".

이러한 실적을 뒷받침하는 데는 인디게임을 포함한 우수한 게임을 선발하여 지원하는 새로운 방식의 '새로운경기 게임오디션'도 큰 역할을 하고 있다. 올해로 12회를 맞이하는 경기게임오디션은 우수한 인디게임 개발자들의 등용 무대가 되어 가고 있다. 경기게임오디션이 인디게임 개발자에게 인기를 끌고 있는 것은 개발지원금은 물론 공간 지원과 상용화 지원 그리고 인디 개발자에게 취약한 전문가 네트워킹이 제공되고 있기 때문으로 분석된다.[18]

이렇듯 경기도는 가장 기본이 되는 게임 개발자를 위한 인재양성에서부터 개발 지원, 상용화 지원, 인큐베이팅, 글로벌 진출 지원에 이르기까지 단계별로 인디게임을 발굴하고 육성하는 종합적인 마스터 플랜을 수립하여 시행한다. 그러나 엑셀러레이팅과 수출 플랫폼 구축에는 다소 미흡한 측면이 있는데 이는 지자체가 가진 한계에서 비롯된 것으로 보인다.

4
인디게임 시장에 뛰어드는 서울시와 부산시

4-1. 서울시의 인디게임 육성
2017년 4월, 서울시는 신성장 동력 발굴과 청년들의 일자리 창출을 위해 게임산업을 집중 육성하고 향후 5년간 500억 원의 예산을 투입한다고 밝혔다. 서울시는 게임산업의 경쟁력 제고를 위해 1) 게임산업 경쟁력 강화, 2) e스포츠 활성화, 3) 건전한 게임문화 조성 3개 분야의 10대 세부과제로 구성된 '서울시 게임산업 육성 종합계획'을 수립

---

18 경기콘텐츠진흥원, "2019년 경기도 게임아카데미 성과조사 분석 보고서".

하였다.19

　이 중 대표적인 인디게임 관련 사업으로는 서울게임콘텐츠센터를 들 수 있다. 서울 상암동에 위치한 총 면적 5,785㎡ 규모의 서울게임콘텐츠센터는 인디게임 개발자를 위한 안정적인 게임 개발 환경을 제공한다. 서울게임콘텐츠센터는 스타트업을 위한 2개 층과 독립게임 개발 공간 1개 층 등 회의실과 휴게실을 포함하여 70개 공간으로 구성되어 있다. 이 중 인디 개발자를 위한 공간은 총 55개로 현재 50명 이상의 인디게임 개발자들이 상주하여 개발 지원을 받고 있다.

　서울시는 매월 우수한 인디게임을 평가하여 'G랭크 챌린지 서울상'을 수여한다. 챌린지 서울상은 게임의 독창성, 완성도, 개발력, 시장성 등을 평가하여 상금 200만 원과 함께 서울게임콘텐츠센터 입주 가산점과 글로벌 컨설팅 등 다양한 혜택을 제공한다.20

　또한 인디게임 콘텐츠의 진단을 통해 우수한 인디게임 프로젝트를 발굴함은 물론 QA와 유통 및 판로개척 등 다양한 육성사업을 연계하여 진행한다. 인디게임의 성공을 돕는 '제1회 인디게임 패스트트랙'은 인디게임 개발자로부터 호평을 받고 있다.21 서울시는 본 사업을 통하여 연간 2회에 걸쳐 총 250개의 게임 스타트업과 개발자를 육성한다. 최우수 프로젝트에 선정된 5개 스타트업에게는 3천만 원의 제작지원금과 서울게임콘텐츠센터 입주 가산점, 소프트론칭 마케팅과 QA 등의 후속 지원도 병행한다. 인디게임 패스트트랙은 인디게임 개발자들이 게임트렌드와 기술변화에 신속하게 대응하기 위해 마련된 정책으로 서울시는 개발부터 퍼블리싱까지 인디게임의 전 주기적 지원을 강화할 계획이다.

19　서울시, "서울의 게임산업 육성 계획", 2017.
20　조학동, "인디게임사들, 찾아보면 살길 있다… 인디게임 지원사업 '봇물'", 게임동아, 2019. 7. 2.
21　조학동, "인디게임사들, 찾아보면 살길 있다… 인디게임 지원사업 '봇물'", 게임동아, 2019. 7. 2.

또한 서울산업진흥원을 통해 영세 게임기업들의 글로벌 퍼블리싱을 위해 지스타, 서울 VR/AR 엑스포, 차이나조이 등의 참가 지원을 하고 있으며, 인디게임의 투자 촉진을 위해 국내 VC들과도 협력 사업을 진행한다.

4-2. 부산시의 인디게임 육성 정책

부산시는 글로벌 게임 선도도시를 조성하기 위해 5대 전략과 18개 과제를 담은 게임산업의 체계적인 육성정책을 발표했다. 5대 전략은 게임도시 플랫폼 조성, 인디게임을 위한 에코시스템 구축, e스포츠 집중 육성, 게임산업을 위한 기반조성과 인력양성 그리고 소통하는 게임 문화 만들기로 이루어졌다. 부산시의 5대 전략 중 인디게임은 중요한 축을 차지하고 있다.

부산시는 인디게임의 독창적이고 개성적인 특성을 이용하여 게임도시 부산의 브랜딩 제고를 높이기 위해 인디게임 육성을 주요 정책 우선순위로 설정하였다. 이를 위해 시작한 것이 '부산인디커넥트페스티벌'로 부산시는 이 행사를 통해 국내 인디게임 문화의 확산을 실현시켰다는 평가를 받고 있다.[22]

올해로 5회째를 맞이하는 '부산인디커넥트페스티벌BIC Festival'은 국내 가장 대표하는 인디게임 행사로 이미지를 구축하는 데 성공했다. 인디 개발자를 위한 BIC는 국내외 인디개발자들이 모여 자신들이 개발 중인 게임을 공유하고 서로 협력하는 축제의 장이다. 또한 인디게임 전시공간을 제공하여 인디게임을 체험함은 물론 게임 개발자와 게임의 개발의도 및 개발사의 비전 등을 직접 들을 수 있다. 부산시는 BIC의 글로벌 확산을 위해 부산인디커넥트페스티벌 조직위원회를 구성하여 우

---

[22] 양수형, "부산인디게임 전시회를 활용한 '게임도시 부산' 브랜드 전략 연구", 동아대학교 대학원 석사논문, 2018, pp. 3-4.

수한 인디게임 발굴과 육성은 물론 국내 인디게임의 해외진출과 교류 활성화에 기여하고 있다.[23] 이러한 지자체의 정책들은 인디게임의 시장 확산에 따라 더욱 확대될 전망이다.

---

23 양수형, "부산인디게임 전시회를 활용한 '게임도시 부산' 브랜드 전략 연구", 동아대학교 대학원 석사논문, 2018, pp. 3-4.

별지 1

인디게임 전문가 3인이 말하는
대한민국 인디게임의 미래

> 수백억 원을 투자해 만드는 대작 중심의 게임 시장에서 5년 전부터
> '재미와 콘텐츠'로 승부를 거는 인디게임이 대한민국에서도 성공을 거두고 있습니다.
> 이러한 대한민국 게임 시장에서 인디게임의 미래에 대해 어떻게 생각하시는지요?

🖥 키위웍스 장수영 대표

공감하는 현상이며 긍정적으로 보고 있지만 아직은 가야 할 길이 조금은 멀어
보입니다. 인디게임은 '대박'이라 불리는 성공을 거두어도 수익 규모의 한계로
인해 대기업과 경쟁할 만한 비주얼 완성도나 엔진 기술력을 위한 투자를 하기
에는 아직 턱없이 부족한 시장 상황입니다. 하지만 그럼에도 불구하고 계속해서
오직 콘텐츠 재미를 가장 중요시 여기며 만들어 나가는 많은 인디게임 개발자
들의 모습을 보면 희망은 계속 이어져 나가고 있다고 생각합니다. 당장 시장이
다소 어렵더라도 이러한 게임성에 중점을 둔 작품들이 계속, 더 많이 나온다면
지금보다 더 좋은 상황이 만들어질 것을 믿습니다.

🖥 GTR 김호규 지사장

인디게임 생태계는 한국뿐 아니라 전 세계적인 추세입니다. 개발도구가 고도화
되고, 게임 제작에 필요한 다양한 콘텐츠들이 에셋 형태로 유통되면서 전보다
많은 사람들이 게임을 만들 수 있게 되었고, 소수의 인원으로도 완결된 게임을

제작하고 유통하고 성공할 수 있는 기반이 마련되었기 때문인데요. 반면 너무 많은 게임들이 시장에 유통되면서 정작 좋은 게임들을 원하는 게이머들에게 저품질 게임들로 인한 피로도도 상승한 것이 현실입니다.

국내 게임 시장은 PC/온라인 게임 시절부터 다져 온 제작역량을 바탕으로 모바일 플랫폼에서 엄청나게 많은 스튜디오들이 창업과 실패의 굴곡을 지나며, 실력 좋은 분들이 큰 회사로 돌아가거나, 새로운 도전을 포기하고 업계를 떠나는 일들이 벌어지고 있습니다. 그리고 여전히 고비용/대작 위주의 투자환경으로 인해 도전적인 게임들이 시장에 선보이기 전 개발단계에서 종료되는 일들도 다수 존재합니다. 그래서 인디게임은 높은 경쟁과 어려운 사업구조라는 이야기도 많습니다.

게임을 좋아하고, 만들고 싶은 게임을 열정 넘치게 새로운 시도로 시작하는 이들에게, 좋은 마중물과 지속적인 투자환경이 뒷받침되었으면 합니다. 그리고 글로벌로 바로 진출하고자 하는 노력이 성과를 맺을 수 있도록 해외 투자자나 퍼블리셔들과 적극적인 기회를 도모할 수 있도록 지원해 준다면, 국내 인디게임들도 큰 성공을 거둘 수 있습니다.

🖥 경기콘텐츠진흥원 이상혁 매니저

몇 년 전까지는 소위 대작 게임이라 칭하는 PC RPG들이 주류를 이루었고 사실 많은 성공을 이뤄 냈습니다. 그러던 중 스마트폰의 등장과 그 시장을 선점하기 위한 삼성과 애플의 경쟁적 구도 속에서 모바일 기기들의 사양이 비약적으로 상승하며 모바일 게임들이 주류를 이루게 되었습니다. 그 이면에는 PC가 가지고 있는 공간적, 시간적 제약에서 벗어나 언제 어디서나 게임을 즐길 수 있는 모바일의 장점이 있었기 때문으로 보고 있습니다. 다만, 갑작스러운 시장의 확대로 인해 기존 PC 대작 시장의 장르들을 그대로 가져오는 형태의 산업구조가 만들어지게 되었고 모바일 기기의 특성상 PC로 게임을 즐길 때보다 많은 피로감을 만들어 내는 새로운 문제를 야기하기도 했습니다. 거기에 확률형 아이템 및 비정상적으로 성장한 과금정책 등이 유저들에게 더욱더 기존 모바일 게임

콘텐츠에 대한 피로감을 배가시키며, 새로운 모바일 게임의 방향성을 요구하는 모바일 유저들이 등장하게 되었습니다. 이제는 모바일 게임에 큰 돈을 쓰는 유저들과 순수한 재미를 찾고 적당한 과금을 통해 게임이 유지될 수 있게 도와주는 유저군, 그 외에 간단간단히 게임을 즐기며 광고수익을 창출해 주는 라이트 유저층 등으로 나뉘게 되었습니다. 과하게 요구되는 과금정책에서 벗어나 순수한 재미에 적당한 과금을 즐기는 합리적인 소비층이 형성되면서 국내 인디게임 시장은 증가하고 있습니다. 소비층의 트렌드를 읽은 선구적 개발사들이 증가하면서 현행 대형 개발사들과 대항할 수 있는 자연스러운 국내 인디게임 시장이 형성된 거죠. 이로써 앞으로는 퀄리티만 높이고 천편일률적인 콘텐츠를 탑재하여 과도한 과금만 유도하는 대형 게임들은 점차 설 자리를 잃어가게 될 것으로 보고 있습니다. 소비자들은 결코 바보가 아니기 때문입니다.

앞으로 이러한 합리적인 소비층의 증가로 인해 국내 인디게임 시장이 더욱 확대될 것으로 예상됩니다.

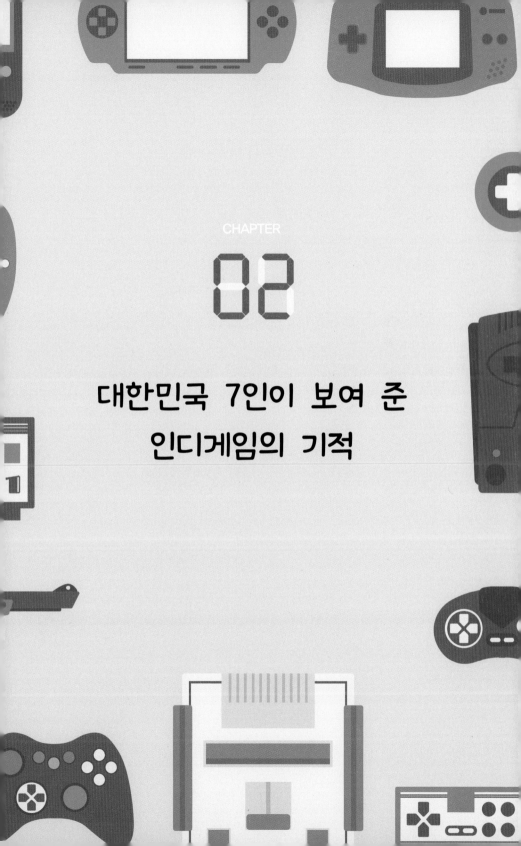

02

대한민국 7인이 보여 준
인디게임의 기적

인디게임이 몰려온다

02 대한민국 7인이 보여 준 인디게임의 기적

1

1인 개발자로 연 매출 40억 원 돌파: 키위웍스 <마녀의 샘>

혼자 시작한 게임 개발! 매출액 40억 원 달성, '마녀의 샘'의 기적

최근 인디게임의 최선봉에서 대표적인 성공주자로 꼽히는 키위웍스는 '마녀의 샘 1~3'까지 연 40억 매출을 달성하였으며 한국, 중국, 일본, 대만의 애플 앱스토어에서 유료게임 1위를 달성하였다. 한국 구글플레

이에서도 유료게임 1위를 달성함은 물론 10개국 국가에서도 1위를 달성하였고 꾸준히 추천 게임으로도 피쳐드추천게임 선정되고 있는 게임이다. 창조오디션 3회 우승, OGN G-RANK 최우수상 수상, 힘내라 게임인 재단 대상 수상, 구글플레이 올해를 빛낸 게임 등 수많은 수상 성과를 올리며 급부상하고 있다.

키위웍스 장수영 대표는 '마녀의 샘'을 제작하게 된 배경에 대해서 다음과 같이 말하고 있다.

> 상업적으로 혼자서 처음 출시한 게임은 2014년 '캐치플레이'라는 게임으로 술래잡기 게임이었습니다. 카카오에 입점했기 때문에 그 게임은 무료였고 그 당시에 흔했던 다른 게임들처럼 친구초대 기능이 있는 전형적인 게임이 었습니다. 하지만 게임에 대한 애정도 많고 프라이드도 많아서 무료게임 치곤 꽤 독특하게 만들기 위해 여러 디테일한 부분에 정성을 쏟았습니다. 예를 들면, 당시 무료게임에서는 찾아보기 어려웠던 스토리 중심형 진행, 스토리 만화 삽입, 숨겨진 엔딩 존재 등… 그렇게 2013년 말부터 2014년까지 총 1년을 제작하여 2014년 10월에 카카오 플랫폼에 게임을 출시했습니다.
>
> 하지만 충격적으로 1년간 모든 힘을 쏟아 만든 게임의 콘텐츠가 불과 일주일 만에 소진되었습니다. 부랴부랴 밤새어 다음 스테이지 업데이트를 진행했지만 유저들의 게임 소비 속도를 도저히 따라갈 수 없었습니다.
>
> 그때 확실히 알았습니다. 양산형 무료게임이 왜 괜히 양산형이 아닌지를… 적은 인력으로 콘텐츠 양을 뽑아낸다면 퀄리티 면에서 타협을 볼 수 밖에 없었습니다. 반대로 퀄리티를 높이려면 콘텐츠 양이 적을 수밖에 없고요. 하지만 젊은 패기에 상업성보다 게임성에 대한 애착이 높았던 시절이라 적은 양의 콘텐츠, 하지만 독특한 양질의 콘텐츠를 만드는 것을 선택했습니다. 그래서 그 다음해인 2015년 1월부터 스토리 중심의 싱글 RPG 게임인 '마녀의 샘'을 제작하기 시작했습니다.

'마녀의 샘'은 용사와 마녀 사이의 싸움에서 유저는 마녀의 입장에서 용사들과 싸우는 게임이다. 선과 악의 구도에서 악으로 오해받는 입장이 되어 게임을 진행한다면 이야기가 흥미롭게 진행될 것 같아 게임을 제작한 것이 성공비결이다. 마녀의 샘 1부터 3까지는 용사들에게 쫓겨 살아가는 마녀를 소재로 사용하였으며, 마녀의 샘 4는 인간을 지배하는 왕 컨셉으로 게임을 제작했다.

플레이 요소의 특징은 육성 플레이와 일반 RPG의 특징을 결합했다는 점이다. 단순한 퓨전 장르로 만든 것이 아니라, 주인공은 마녀이기 때문에 숨어 살아야 했고, 숨어 사는 집에서 보내는 시간이 많기 때문에 집 안에서 할 수 있는 성장형 활동을 디자인해야 했다고 한다. 예를 들면 잠자기, 수련하기, 마법 만들기, 아이템 만들기 등… 그리고 집 밖에서는 용사들과 싸우며 이야기를 진행하다 보니 자연스럽게 육성 RPG라는 장르로 게임이 제작되었다.

키위웍스 장수영 대표가 '마녀의 샘'을 통해 40억 원이라는 매출을 달성하기까지는 게임에 대한 집착과 사랑 그리고 중학교 시절부터 게임을 만들기 시작한 그의 오래된 경험이 축적되어 오늘에 이르게 된 것이다. 그는 그의 창업 동기에 대해서 이렇게 말하고 있다.

게임은 초등학생 3학년 시절부터 도화지에 그림을 그리며 보드게임부터 만들기 시작했습니다. 중학생 시절에는 RPG 제작툴을 통해 게임을 만들었고 대학생 시절부터는 언어를 통해 게임을 만들었습니다. 약 15년 이상을 취미로 게임을 만들었습니다.

20대 학생시절 동안 인터랙티브 아트, 모션 그래픽, 3D 애니메이션 제작, 제품 디자인, 프로그램 제작 등 여러 방면에서 외주 사업을 해 왔습니다. 게임 만들기가 취미였지만 사업적으로 게임을 만드는 건 자본도 많이 들고 어려운 일이라고만 생각했습니다. 마침 졸업 후 진로를 결정할 때쯤 모바일 플랫폼 게임이 시장에서 활성화되고 1인으로도 여러 플랫폼에 입점할 수 있는 기회가 많아졌습니다. 이로 인해 졸업 직후 사업자등록을 내고 게임 제작 사업을 시작했습니다.

마녀의 샘 1~3까지는 순수 유료게임이며 추가결제나 광고는 완전히 배제하고 있다. 왜냐하면 일단 게임성이 완전히 정착되기 전에는 게임성을 높이는 작업에만 집중하고 싶었기 때문이라고 한다. 차기작부터는 게임 출시 후 게임이 안정되면 추가결제 요소를 고려하고 있다. 그래도 여전히 특정 금액을 지불하면 엔딩까지 완전한 콘텐츠를 즐길 수 있다는 성격을 유지하고 있으며 앞으로도 그럴 계획이라고 하였다.

'마녀의 샘'이 타 게임과 비교해 가지는 가장 큰 차별점은 현재 국내에서는 거의 만들어지고 있지 않은 스토리형 RPG 게임이라는 것이다. 그중에서도 2D RPG는 학생 작품으로도 꽤 많이 나오고 있지만 상업적인 작품은 거의 없는 상황이고 그중에서도 싱글형 3D RPG가 더 찾기 어렵다. 왜냐하면 기술적인 문제보다도 스토리적인 흐름을 다듬고 준비하는 기간이 다른 장르보다 상대적으로 길기 때문에 제작기간 또는 제작비용 대비 수익이 크지 않아서다. 하지만 '마녀의 샘'은 1인 개발로 시작함에 있어서 이런 부분에서는 비교적 자유로웠기 때문에 이런 RPG를 만들어 성공할 수 있었다고 밝히고 있다.

'마녀의 샘 1' 출시 후 홍보활동은 스마트폰개발자모임 페이스북과 인디라 페이스북에 출시 소식을 알리는 글뿐이었다. 이후 앱스토어와 구글플레이에서 1위를 찍은 뒤로는 구글플레이에서 연락이 와 피쳐드가 되었고 이것이 인연이 되어 일본, 중국에서도 마녀의 샘이 피쳐드가 되는 기회를 얻게 되었다고 한다. 현재 중국은 퍼블리셔와 계약을, 나머지는 자체적으로 퍼블리싱하고 있다. 중국의 경우 인디게임 전문 플랫폼과 계약했다. 텐센트나 알리바바, 비리비리 등 대규모 중국 플랫폼에서도 러브콜이 있었지만, 중국 퍼블리셔는 '마녀의 샘' 같은 장르를 좋아하는 유저가 가장 많은 곳을 선택하여 서비스를 진행했다. 겉으로 보이는 규모보다 '내 게임의 특성과 이러한 특성을 가진 게임을 가장 많이 서비스'하는 퍼블리셔와 계약한 것이다. 그리고 자체적으로 영어, 중

국어, 일본어 커뮤니티 채널을 3년 이상 키우고 있어 자체적인 마케팅
도 가능한 수준까지 만들었다고 한다.

'마녀의 샘'이 성공하기까지 그에게 어려움이 없었던 것은 아니다.
그가 창업을 하면서 가장 어려웠던 점은 그를 믿고 응원해 준 가족에
대한 미안함이다.

금전적인 어려움 등은 있었지만 이게 큰 걸림돌이 되진 않았습니다. 원래
외주를 통해 생활비 정도는 벌 수 있었고 장비도 노트북 한 대밖에 필요하지
않았기 때문입니다. 가장 힘들었던 건 당장 수익적인 결과가 없는데도 불구
하고 제 뒷바라지를 해 주시는 부모님 걱정이었습니다. 오히려 취업 좀 하라
고 호통 좀 치셨으면 덜 미안했을 텐데 밖에서 일로 고생하시면서 제 일을
믿고 응원해 주시는 게 가장 마음이 아프고 힘들었습니다.

키위웍스는 '마녀의 샘'을 통해 인디게임을 개발하는 사람에게 그
리고 혼자 게임을 개발하는 청년들에게 많은 동기부여가 되고 있다. 그

럼에도 불구하고 키위웍스는 향후 '마녀의 샘'을 능가하는 게임을 개발
하고 싶어 한다.

모바일 게임 이후 콘솔 플랫폼으로 진출할 계획입니다. 먼저 닌텐도 스위
치에 최대한 빠른 시기에 입점할 계획입니다. 이 외 타이틀로 마녀의 샘 시
리즈 외에 다른 RPG도 구상하고 있습니다. 인디로 시작하여 여전히 인디이
지만, 인디 수준 이상의 투자를 통해 더 멋진 게임을 제작하고 싶습니다.

1인 개발자로 시작한 키위웍스가 처음에 10억 원이 넘는 매출성과
를 낼 때 사람들은 "혼자 개발해 무슨 매출이 10억이 넘어… 그게 사실
이야?"라며 다들 믿지 않았다. 그러나 키위웍스는 그러한 사람들의 불
신을 종식시키고 대한민국의 대표 인디게임 업체로 우뚝 서게 되었다.
장수영 대표의 포부대로 앞으로 인디 수준 이상을 뛰어넘어 세계적 수
준의 게임을 만드는 마법같은 키위웍스가 되길 기대한다.

2

낭떠러지에서 회사를 구하다: 버프스튜디오 〈마이 오아시스〉

힐링을 경험하라! 〈마이 오아시스〉

1,300만 이상 다운로드, 누적 매출 30억 원 이상 달성, 제6회 게임창조오디션2017.05 TOP 10 등극, 2017. 8월 G랭크 이달의 게임 챌린지 서울상, 2017. 8월 구글플레이 인기게임 1위, 2017. 이달의 우수게임 착한게임 부문 선정 등 버프스튜디오는 최근 수많은 수상 타이틀과 더불어 창업 이래 최대의 성과를 내고 있다.

버프스튜디오는 "사람들에게 게임에서 이로운 효과를 제공하는 버프처럼 버프를 줄 수 있는 게임을 만들자"는 모토로 설립하였다. 인디게임부터 AAA 게임까지 다양한 게임을 다양한 플랫폼에 서비스하는 것을 목표로 하고 있는 회사다.

최근 한 신문사와의 인터뷰에 따르면 버프스튜디오는 게임회사의 창의성을 높이기 위한 유연한 기업운영 방식과 작은 회사에도 불구하고 직원들을 위한 풍부한 복지 프로그램 운영으로도 많은 게임회사 종사자들의 부러움을 사고 있는 것으로 알려졌다.

버프스튜디오는 오전 8시에서 11시 사이에 출근하는 유연근무제를 시행하고 있으며, 점심시간도 2시간으로 여유로운 식사 시간을 즐기며 산책이나 낮잠 등을 자유롭게 활용하도록 하고 있다. 또한 매월 마지막 주 금요일에는 '인풋 데이Input Day'를 실행하여 직원들이 자신들이 하고 싶은 일을 종일토록 할 수 있게 보장한다. 연간 약 300만 원 상당의 복지혜택을 주고 있으며, 겨울철에는 2주간의 휴가를 보장하는 것도 계획 중이라고 한다.

버프스튜디오 김도형 대표는 '빨리 출근하고 싶은 회사', '즐거운 회사'를 만드는 것이 자신의 경영철학이라고 밝히면서, 회사가 성장하려면 직원 개개인이 성장할 수 있도록 지원하는 것이 CEO의 역할이라고 밝혔다.

김도형 대표는 1998년부터 게임 프로그래머로서 게임 개발을 시작했고, 2002년부터 게임 기획자로 전향하여 약 12년 정도 게임을 개발한 개발자 출신 CEO이다. 패키지 게임부터 MMORPG까지 다양한 경험을 했으며 액토즈소프트, 엔씨소프트, 위메이드엔터테이먼트 등의 회사에서 근무한 경력을 바탕으로 2014년에는 1인 개발을 시작했다. 대표작은 '용사는 진행중'이다. 이후 2015년에 법인을 설립했고, 그 후의 대표작인 '마이 오아시스'로 버프스튜디오를 성공한 게임회사 반열에 올리기 시작한다.

김 대표가 처음부터 1인 게임 개발자로 성공한 것은 아니었다. '용사는 진행중' 전에 당시 유행하던 플래피 버드나 2048 같은 캐주얼 게임을 3개 정도 만들었고, 4개월 동안 3개 게임 수입이 고작 3만 원 정도였다고 한다. 그래서 이런 게임은 안 되겠다 싶어 자신이 좋아하는 엔딩이 있는 패키지 형식의 게임을 만들자고 생각하고 '용사는 진행중'을 만들었다고 한다.

　　'마이 오아시스'는 힐링을 경험할 수 있는 클릭커와 방치형이 혼합된 형태의 게임이다. 유저는 하늘에 떠 있는 오아시스 섬을 아름답게 성장시켜 나가면서 힐링을 경험하게 된다. 아름답고 따뜻한 3D 로우 폴리곤 그래픽, 따뜻한 위로를 전하는 말, 귀엽고 사랑스러운 다양한 동물들, 눈/비 등의 날씨 변화, 밤낮을 직접 조작 가능하다는 것이 '마이 오아시스'만의 특징이다.

　　게이머보다는 비게이머를 대상으로 했기에 진입장벽이 낮은 플레이 방식인 클릭커&방치형 형태로 개발했다. 아름다운 로우 폴리곤 그래픽과 음악을 활용해 오아시스의 환경 및 객체와 상호작용하는 시스템이 들어가 있는 점이 부각되고 있다.

　　김도형 대표는 '마이 오아시스'의 제작배경에 대하여 다음과 같이 밝히고 있다.

　　　2015년부터 2016년 말까지 회사에서 개발했던 유일한 프로젝트인 '용사는 진행중 2'의 성과가 좋지 않았습니다. 리뉴얼 작업 중이었는데 리뉴얼 후 론칭을 했을 때 실패를 대비하기 위해 플랜 B로 준비하게 된 게임이 '마이 오아시스'였습니다. 당시 '헬조선'이라는 키워드가 많이 사용될 정도로 힐링이 많이 대두되던 시기였고, 그 테마가 글로벌에서도 통할 수 있는 소재라고 판단하여 힐링을 메인으로 하는 게임을 개발하게 되었습니다.

'마이 오아시스'가 타 게임과 비교해 가지는 가장 큰 차이점은 플레이를 하면서 힐링 경험을 주는 것이다. 그 경험을 위해서 아름다운 로우 폴리곤 그래픽과 마음을 안정시킬 수 있는 음악 그리고 사람들에게 위로를 줄 수 있는 메시지가 조화롭게 적용되고 있다.

김 대표가 창업을 하게 된 배경에 대해서는 게임을 좋아하고 게임 개발자로서 꿈을 키워 갔다는 것이 창업에 크게 작용하였다고 한다.

초등학교 4학년 때부터 게임 개발자가 꿈이었습니다. 결국 게임 개발자가 되는 꿈을 이루었고, 그 이후에는 멋진 게임회사 만드는 걸 꿈꾸게 되었습니다. 하지만 결혼을 하고, 아이가 생기고 하니 창업을 하기 쉽지 않았습니다. 그렇게 회사를 다니던 중 2014년 틈틈이 혼자서 개발을 시작했는데 네 번째 게임인 '용사는 진행중'이 생각보다 너무 좋은 성과를 거두게 되어 그것을 기반으로 창업을 할 수 있게 되었습니다.

김 대표는 '용사는 진행중 2' 때문에 회사가 낭떠러지 앞까지 간 적도 있다고 심경을 토로하기도 했다. 그래서 '마이 오아시스'를 원래 기획된 마이 오아시스 볼륨보다 훨씬 작은 사이즈로 서둘러 출시했는데 기대하지 않고 출시한 게임이 반응이 좋아서 회사가 살아났다고 한다.

1인 개발에서 벗어나 처음으로 만든 게임이 '용사는 진행중 2'인데 안드로이드에서는 1년 정도 서비스를 하고 종료했다. 게임에 대한 욕심이 커지고 볼륨과 개발 기간이 늘어나다 보니 게임 색깔이 많이 퇴색했다. 그리고 무엇보다도 단체로 만든 첫 게임이다 보니 손발을 맞추고 업무를 관리하는 것이 원활하지 않았다고 한다. 김대표는 무엇보다 회사의 타격도 타격이지만 게임 유저들에게 실망을 준 것이 가장 마음이 아팠다고 고백했다.

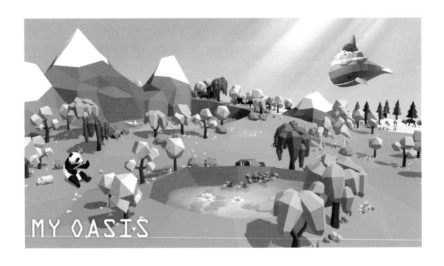

'마이 오아시스'를 통해 제기에 성공한 버프스튜디오는 게임 퍼블리싱에 있어서도 작지만 위대한 성공전략을 구사하고 있다.

엣지 게임을 만들기 위해 노력하고 있습니다. 엣지 게임이란 그래픽, 소재,

게임 메커니즘 중 한 가지 이상이 엣지 있는 게임을 의미합니다. 저희는 그 중 그래픽은 기본적으로 엣지 있게 만들고, 다른 나머지는 게임에 따라 다르게 가져가고 있습니다.

틈새 시장을 발굴하고자 노력하고 있으며, 그 시장에서 확실한 포지셔닝을 하는 것을 목표로 하고 있습니다. 좋은 예가 '마이 오아시스'입니다. 아직까진 힐링을 메인으로 하는 게임으로는 거의 유일하며 힐링 게임으로 확실하게 포지셔닝이 된 것 같습니다.

버프스튜디오는 글로벌 시장을 대상으로 하고 있습니다. 그렇기에 소재나 그래픽적인 부분에서 특정 나라에 불호가 있는 것은 지양하고 있습니다. 어느 나라에서나 통할 수 있는 소재나 아트를 추구하고 있습니다.

버프스튜디오는 언차티드 시리즈나 위쳐 시리즈 같은 AAA 게임을 만들 수 있는 회사로 성장하는 것을 목표로 하고 있다. 이를 위해 한 단계씩 밟아 나가고 있는 상황인데 2021년에는 스토리 게임 플랫폼을 만드는 것과 PC&스팀 게임을 위한 팀을 조직하고 개발하는 것 이렇게 두 가지에 역점을 두고 사업을 펼칠 예정이다. 회사의 모토대로 사람들에게 좋은 버프를 걸어 줄 수 있는 게임을 만들어 전 세계 사람들이 게임으로 힐링이 되길 소망한다.

3

주요 동남아 국가 인디게임 1위: 하이디어 <언데드 슬레이어>

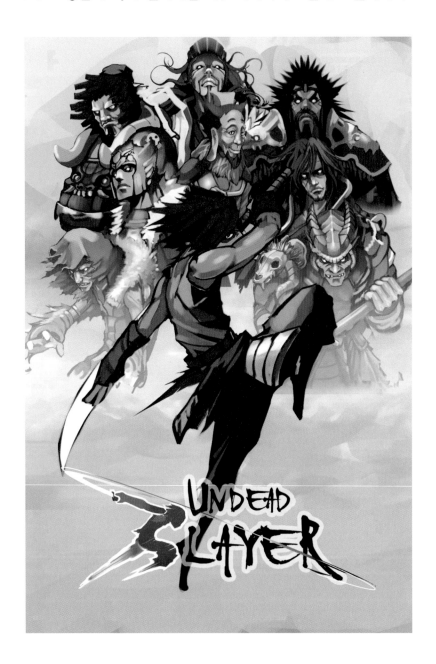

불사의 생명체를 얻기 위하여, 〈언데드 슬레이어〉

2012 unity award 올해의 게임 10에 선정

주요 동남아 국가 인기게임 1위

매출 30억 원 이상

누적 다운로드 1000만 이상

누적 다운로드 1000만, 매출액 30억 원 달성. 이 성과를 달성한 주인공 하이디어 김동규 대표의 창업배경은 생각보다 매우 단순했다. 아트 디렉터로 다니던 게임회사가 폐업을 하게 되면서 프리랜서로 활동하던 중에 "혼자서 게임을 처음부터 끝까지 만들어 보자"라는 생각을 하게 되었다. 이 단조로운 생각에서 그의 창업은 시작되었다. 프로그래밍을 공부해서 연습 삼아 만들어 본 게임이 좋은 결과를 만들어 뜻밖의 창업을 하게 되었고, 이후 차기작을 만들며 계속해서 게임 개발사 하이디어를 운영해 오고 있다.

하이디어의 대표게임 '언데드 슬레이어'의 제작배경에 대해 김동규 대표는 다음과 같이 밝히고 있다.

평소에 액션게임을 상당히 좋아하고 또 즐겨하는 유저로서, 호쾌하고 속 시원한 핵앤슬래시 액션 게임이 모바일로도 있으면 좋겠다고 생각했습니다. 이런 게임이 시장에서 얼마나 인기가 있고, 또 어떤 반응을 보일지에 대한 예상을 하고 만든 것이 아닙니다. 막연히 내가 좋아할 만한 게임을 만들어 보고 싶다는 생각에서 출발했습니다.

개발 과정 역시 '유저들은 이런 걸 좋아할 거야'가 아니라 '난 이런 걸 좋아해'라는 생각이어서 즐겁게 개발할 수 있었습니다.

　　'언데드 슬레이어' 출시 시기에는 일당백을 소화하는 핵앤슬래시 장르이른바 무쌍류의 게임이 거의 없었던 데다 언데드 슬레이어의 연출도 좋은 편이었다.

　　호쾌한 액션 연출과 강렬한 타격감이 가장 큰 장점이었고, 당시에 흔히 보이던 방향키와 공격 버튼을 이용한 조작이 아니라 간편하고 직관적인 조작만으로도 콤보공격, 스킬, 그래플링 기술매달려서 칼로 베기, 공중으로 적을 잡고 뛰어올라 땅으로 내려 꽂기, 다리를 잡고 돌려서 던지기 등들을 쉽게 구사하여 화려한 액션을 취할 수 있었다. 여기에 대해 상당히 하드코어한 연출언데드의 피가 튀고, 사지가 절단되는 등도 호불호가 상당히 갈리긴 했지만 타 액션게임과의 차별점이 되기도 했다.

　　게임의 배경 및 스토리는 다음과 같다.

　　　미치광이 학자 유비.
　　　영원한 생명의 몸을 얻기 위한 재료로 불사의 인간 생명체를 만들기 위해 흑주술을 사용한 실험을 시작한다.

살아있는 사람, 죽은 시체 가리지 않고 실험에 실험을 거듭한다.
그 과정에서 수많은 실패한 실험체(언데드)들이 만들어진다.
마침내 불사의 생명체(하우돈)를 만들어 내는 데 성공하게 되지만,
그것은 곧 다른 실험체(조조)에 의해 탈취당한다.

유비는 빼앗긴 생명체를 되찾기 위해서 언데드들을 앞세워
사람들을 학살하고 천하를 장악한다.

한편, 불사의 생명체를 탈취한 언데드(조조)는 유비에 대항하기 위해 조금
씩 힘을 모아 반유비조직(위)을 구성한다.
그는 탈취한 불사의 생명체를 친동생으로 삼고 유비를 막을 최고의 전사
로 키워 나간다.

사실 주인공 하우돈이 삼국지 하면 바로 떠올릴 수 있는 대표 장
수도 아니다. 촉나라를 언데드 군대로 설정한 것이 신선한 점이면서도

반감을 살 만한 요소이기도 했다. 하지만 호쾌한 액션 연출과 강렬한 타격감이 가장 큰 장점이 되었다. 이것이 조금 뒤틀어 놓은 스토리와 어우러져 인상적인 게임성을 만들어 냈다.

'언데드 슬레이어'는 인앱 상품 판매를 통한 수익이 대부분이다. 당시에 광고 플랫폼이 많이 발달한 상황도 아니었다. 인앱 상품의 가격을 높게 책정하기 힘든 환경이었지만 퍼블리셔와의 협업으로 상품 가격의 밸런스나 비즈니스 모델의 조정을 많이 진행해서 좋은 결과가 나올 수 있었다. 또 중국의 일부 스마트폰에 미리 설치된 채로 스마트폰을 출시하여 수익을 내기도 했다.

김동규 대표는 일단 게임을 만들기는 했지만 모바일 게임 출시 및 서비스에 대한 경험이 전무했다. 서비스는 퍼블리셔와의 협업이 필요하다고 판단한 그는 플레이 영상을 촬영하여 국내 주요 퍼블리셔에게 메일로 보냈다. 대표의 전략은 운 좋게 퍼블리셔들에게 먹히게 되었고 모두 뜨거운 반응을 얻을 수 있었다. 덕분에 퍼블리싱 계약도 쉽게 진행되었고, 성공적으로 게임을 출시할 수 있었다. 한국에서 좋은 반응을 얻고 나서 글로벌 출시도 빠르게 진행하였다. 특히 중화권의 경우에는 이미 한국에서 출시한 앱을 통해 현지에서 상당한 인지도가 쌓인 상태였다. 그래서 현지 퍼블리셔를 통해 출시하여 쉽게 많은 사랑을 받을 수 있었다.

재미로 만들기 시작한 게임이 이제는 글로벌이 되었다. 김동규 대표는 7년 정도 게임회사에서 아트 디렉터로 일했다. 회사 사정으로 폐업한 후 1인 개발자로 시작한 '언데드 슬레이어'가 유저들에게 많은 사랑을 받게 되었다. 이후 '로그라이프', 최신작인 '인간 오브 뱀파이어' 총 3개의 게임을 개발해 더 큰 호응을 얻었다.

'언데드 슬레이어'는 김동규 대표가 첫 번째로 개발한 게임으로 칼로 썰고 베는 액션이 고조된 작품이다. 호쾌한 액션 게임인 '언데드 슬레이어'는 지금의 하이디어를 만든 대표 게임이다. 건축공학을 전공했지만, 인턴 시절부터 습득한 게임 개발 및 프로그래밍 언어 등을 통해 게임 개발 스킬을 많이 쌓을 수 있었다.

게임이 취미이며, 게임을 너무 좋아했던 대표는 게임회사를 창업하면서 느낀 소회를 다음과 같이 말하고 있다.

조금 뜻밖의 계기로 인해 창업하게 되었습니다.

집에서 혼자 (취미 생활에 가깝게) 게임을 만들어서 여기저기 보여 주다가 그 게임이 결국에는 퍼블리셔(NHN ENTER 사)와 계약이 되면서 부랴부랴 회사 설립을 하게 되었습니다. 투자를 받거나 직원이 있는 경우가 아니라 창업과 동시에 계약이 진행된 경우이므로 창업 자체의 어려운 점은 크게 없었던 것 같습니다.

다만 혼자 아트부터 개발까지 완료하는 과정은 상당한 즐거움이면서도 힘들고 외로운 작업이기도 했습니다. 개발 중에 불현듯 좋은 아이디어가 떠올라 게임에 적용해 보고, 너무 만족스러운 결과에 신나기도 했습니다. 문제에 부딪혀 인터넷이나, 책을 뒤져 가며 며칠씩 헤맬 때도 있었습니다.

하이디어 김동규 대표는 향후 회사의 운영 계획에 대해서도 거창한 계획이나 중장기 로드맵을 가지기보다는 자신이 좋아하고 팀원들이 즐길 줄 아는 새로운 게임을 개발하는 것이 최선이라고 밝혔다.

사업에 대해서는 아직도 경험이 많이 부족합니다. 그래서 딱히 비즈니스를 하고 있다는 생각을 하지는 않기 때문에 항상 비즈니스 계획을 세우고 진행하지 않습니다.

다만, 제작에 대해서는 끊임없이 새로운 아이디어와 새로운 느낌, 새로운 비주얼로 게임을 만들어 보고 싶은 창작 욕구가 있습니다. 남들과 다른 게임을 만들어서 선보이는 것이 현재 제가 할 수 있는 최선의 전략이라 생각합니다.

하이디어에는 메이저 게임회사나 대기업에 다니던 경력이 있는 사람들이 많이 모여 있다. 김동규 대표의 덕스러움 때문인지는 몰라도 경력이 풍부한 직원들이 모여 주어 게임을 만들기 때문에 직원들을 향한 대표의 애정 또한 특별하다. 그의 회사 운영철학은 "회사를 운영한다기보다는 모여서 게임을 개발한다"라는 확고한 신념이 있다.

그렇기 때문에 그는 회사 몸집을 가볍게 하여 변화에 빠르고 유동적인 게임을 개발해 경쟁력을 갖추고자 한다. 그리고 소수의 인력으로 운영하기 때문에 돈을 벌 욕심보다는 즐기는 게임, 그리고 만들고 싶은 게임을 개발하며 '하이디어'를 발전시키는 것이 김동규 대표의 목표이자 바람이다.

4

앱스토어와 구글플레이 유료게임 2위:
나날이 스튜디오 〈샐리의 법칙〉

모든 일에 행운이 가득하길, 〈샐리의 법칙〉

'샐리의 법칙'은 구글 인디게임 페스티벌 TOP 3에 선정된 것을 계기로 많은 유저들에게 알려진 인디게임이다. 출시 후 애플 앱스토어 유료게임 2위, 구글플레이 스토어 유료게임 2위, 원스토어 1위 등의 성과를 달성했다. 구글, 애플 양대 마켓에서 2016년 올해의 게임에 선정되는 성과를 올리기도 했다. 제1회 구글플레이 인디게임 페스티벌 TOP 3, 부산인디커넥트페스티벌 BIC: Excellence In Narrative Finalist, OGN 'G랭크 챌린지 서울상', 제17회 힘내라 게임인상 대상, 한국콘텐츠진흥원 2016 이달의 우수게임 인디게임 부문 문화부장관상, GIGDC 인디게임 경진대회 금상, 구글플레이 2016 올해의 게임: 올해를 빛낸 인디게임, 앱스토어 2016년을 빛낸 iPhone 게임 우수작 등 많은 수상을 하면서 대한민국 대표 인디게임으로 이름을 알렸다.

모바일 출시 후 스팀에서 진행한 '스팀 그린라이트'를 통과하여 PC버전 〈샐리의 법칙〉도 글로벌 시장에 출시했다. 이후 일본의 퍼블리셔 Polaris-X 및 개발사 Room6와 협업하여 '닌텐도 스위치', 'Xbox One'에도 출시하였다. 해당 게임 출시 이후 '나날이 스튜디오'를 아는 유저들이 많아졌고, 더불어 샐리의 법칙 개발 스토리를 담은 유튜브 영상이 400만 조회수 이상 돌파하여 회사의 이름이 널리 전파되기 시작했다.

'샐리의 법칙'을 개발한 나날이 스튜디오 박재환 대표는 '샐리의 법칙'을 제작하게 된 배경에 대해서 다음과 같이 말하고 있다.

> 2012년부터 3년간 제작한 저희의 첫 모바일 게임인 후르츠어택이 경험 부족 및 여러 가지 이유로 인해 아쉽게 실패한 이후, 외주로 힘든 나날을 보내고 있었습니다. 그때 한 개발자 지망 대학생이 인턴을 하고 싶다고 찾아왔습니다. 당시 회사가 너무 어려워 인턴 개발자에게 급여도 줄 수 없으니 그냥 만들고 싶은 게임이나 만들어 보라고 했습니다. 그러던 어느 날 그 친구가 한 가지 아이디어를 가지고 왔고 저는 그 아이디어가 무척 맘에 들었습니다. 그래서 외주를 하면서 틈틈이 아트와 스토리를 붙여 나갔습니다. 그렇게 약 6개월 정도 개발하다 제1회 구글플레이 인디게임 페스티벌에 나가게 되었고 '샐리의 법칙' Top 3에 선정되면서 유저들에게 게임이 알려지기 시작했습니다.

'샐리의 법칙'은 머피의 법칙의 반대말로 모든 일에 행운이 가득한 상황을 말한다. 게임은 아버지와 딸의 이야기를 다루는데, 어느 날 고향에 계신 아버지가 쓰러졌다는 소식을 전해 들은 샐리가 고향으로 향하게 되면서 게임이 시작된다. 그런데 이상하게도 문이 열리고 장애물이 사라지는 등 가는 길목마다 행운을 만나게 된다.

행운의 비밀은 샐리의 플레이가 끝나고 밝혀지는데 유저는 동일한 스테이지를 또 한 번 진행하게 된다. 이번에는 바로 영혼의 모습인 아빠의 입장에서 말이다. 유저는 두 번째 플레이에서 자신이 방금 플레이 했던 샐리가 아래에서 움직이는 모습을 보게 되고, 이윽고 자신의 딸이 다치지 않고 고향으로 오도록 하기 위해 행운을 만들어 줘야 함을 깨닫게 된다.

'샐리의 법칙'은 자식과 부모의 마음을 게임 메커니즘과 이야기를 통해 체험하게 된다.

〈센과 치히로의 행방불명〉과 같은 장편 애니메이션을 사랑했고, 환상적인 세계관과 이야기로 사람에게 감동을 주는 작품을 만드는 것이 꿈이었던 나날이 스튜디오 박재환 대표는 그의 창업 동기에 대해서 이렇게 말하고 있다.

> 〈센과 치히로의 행방불명〉과 같은 장편 애니메이션을 사랑했고, 환상적인 세계관과 이야기로 사람에게 감동을 주는 작품을 만드는 것이 꿈이었습니다. 하지만 한국에서는 장편 애니메이션 시장에서 창업을 하기란 쉽지 않은 일이었습니다. 그러던 어느 날 애플이 '아이폰'을 발표했고, 세상에는 '모바일 혁신'이 일어나게 됩니다. 그리고 모든 사람들이 TV가 아닌 스마트폰으로 콘텐츠를 소비하기 시작했죠. '앵그리 버드'는 전 세계에서 엄청난 성공을 거둬 애니메이션 및 캐릭터 사업에도 진출을 하게 되었습니다. 저는 그곳에서 제 꿈을 이룰 수 있는 가능성을 보았고 모바일 게임 속에서 사람들에게 멋진 세계관과 이야기를 담은 작품을 만들고자 창업을 결심하게 되었습니다.

'샐리의 법칙'은 유료게임으로 우선 국내외 모바일 스토어앱스토어, 구글플레이, 원스토어에 출시하였고, 해외 모바일 마켓중국-탭탭, 일본-AU스마트패스 등 등에도 출시했다.

일본 지역은 퍼블리셔와 협업하여 무료버전으로 출시하였으며, 콘솔 버전닌텐도 스위치, XBox One도 제작하여 출시했다. 콘솔 버전은 아빠와 딸의 실시간 플레이 PC 스팀 버전을 만들어 배포했다. 유료게임은 기본적으로 마켓에서의 피쳐드추천게임 선정가 판매에 가장 도움이 되었으며, 대회 수상 그리고 유저 및 스트리머의 입소문이 판매에 영향을 크게 주었다.

게임을 할인하여 순위를 올려 주기적으로 노출을 하는 것도 도움이 되었다고 박재환 대표는 밝혔다.

보통 많은 게임이 액션성, 경쟁, 퍼즐 등 게임 플레이에서 오는 즐거움만을 추구하는 데 반면 〈샐리의 법칙〉은 게임의 방식과 이야기를 잘 결합했다. 유저에게 아버지와 딸의 관계를 통해 따뜻한 가족애를 느낄 수 있는 부분이 가장 큰 차별점이다.

나날이 스튜디오 박재환 대표는 '샐리의 법칙'의 퍼블리싱 전략에 대해 다음과 같이 밝히고 있다.

> 유료게임이기에 퀄리티 높은 아트웍으로 유저와 마켓의 이목을 끌고 독특한 게임방식 및 이야기로 바이럴을 만들어 내는 게 가장 중요한 전략이었다고 생각합니다. 더불어 모바일뿐만 아니라 PC 및 콘솔 등 다양한 플랫폼으로 진출해 게임의 판매처를 지속적으로 확대하였습니다. 진출이 어려운 시장은 현지의 퍼블리셔와 계약해 마케팅 및 판매를 일임하였습니다.

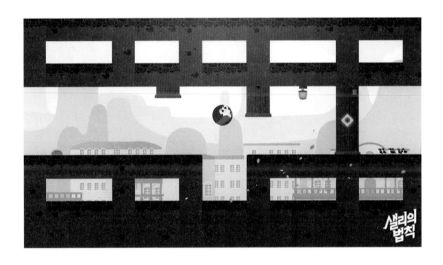

'샐리의 법칙'이 수많은 수상을 하기까지 나날이 스튜디오 박재환 대표는 자금난으로 어려움을 겪기는 하였지만 정부지원금이 그의 창업에 있어 많은 도움이 되었다고 밝히고 있다.

게임은 사람이 만드는 것이기에, 팀을 운용 및 관리하고 제작비를 벌어 유지하는 것이 가장 어려운 일이었습니다. 게임의 그래픽 부분 경력만 있었기에 게임기획, 게임 개발, 일정관리, 수입관리, 인력수급 등 모든 부분에서 어려움이 있었습니다. 그중에서 재무적으로 게임 수입이 충분치 않았을 때 자금난이 가장 어려운 일이었으며, 외주와 정부지원금이 큰 도움이 되었습니다.

〈센과 치히로의 행방불명〉을 사랑했던 나날이 스튜디오 박재환 대표는 지금도 사람들에게 감동을 주는 콘텐츠 제작을 위해 힘쓰고 있다. 그리고 나날이 스튜디오의 게임 제작 노하우를 통해 다양한 게임 시장에 도전장을 내밀고 있다.

현재 모바일, PC, VR 게임들을 제작하고 있습니다. 다양한 시장에 도전하며 회사 전체적인 게임 제작 노하우가 상승하고 있습니다.

경기게임오디션 TOP 1에 선정된 집꾸미기 게임 〈헬로펫 하우스〉는 전 세계 여성 게임유저 시장을 목표로 제작되어 출시를 앞두고 있으며, 신이 지구를 구하는 컨셉의 방치형 RPG 게임 〈갓펀치〉로 글로벌 방치형 게임 시장에 도전할 예정입니다.

VR 게임으로는 최근 슈팅 VR 게임 〈쇼콜라 러시〉를 출시하여 스팀에 론칭했고, 다양한 VR 아케이드 시장에 진출할 예정입니다. 현재 힐링 가드닝 VR 게임 〈마녀의 마법정원〉을 제작 중입니다.

마지막으로 모바일에서 언제 어디서든 쉽게 할 수 있는 귀엽고 예쁜 아트웍을 가진 하이퍼 캐주얼 게임 등을 제작 중이며, '샐리의 법칙' 후속작인 〈샐리의 법칙2〉도 현재 기획 및 프로토타입 제작을 진행하고 있습니다.

환상적인 세계관과 이야기로 사람들에게 감동을 주는 작품을 만드는 것이 꿈이라고 밝힌 박재환 대표의 말처럼 '샐리의 법칙2'에서도 모든 사람들에게 행운이 가득한 게임을 만들어 성공하길 기원한다.

5

2018 구글 인디게임 페스티벌 Top 3:
지원플레이그라운드 <트릭아트 던전>

잃어버린 부모를 찾아서, <트릭아트 던전>

'트릭아트 던전'은 박물관에서 미아가 된 아이가 잃어버린 부모를 찾아가는 여정을 그리고 있는 게임이다. 플레이어는 그 과정에서 만날 수 있는 다양한 트릭아트trick art와 기믹gimmick을 통해 '매 순간', '놀라운 경험'을, '아름답게' 즐길 수 있다. '트릭아트 던전'은 2018 구글 인디게임 페스티벌 Top 3, 2018 MWU Unity Prize, 2017 경기게임오디션 1위를 수상하면서 유저들에게 알려지기 시작했다.

트릭아트란 보는 시점에 따라서 평범한 그림으로 보이기도 하고 때로는 실제로 보이기도 하는 신비한 그림 이야기다. '트릭아트 던전'은 이 트릭아트를 이용해서 게임 속 주인공이 상상과 현실을 오갈 수 있는 매개체로 사용하고 있으며, 이러한 트릭아트를 통해서 유저들이 재미를 느낄 수 있도록 구성한 게임이다.

　지원플레이그라운드구 지원이네오락실 한상빈 대표는 "아이들과 함께 트릭아트 전시장에 놀러간 적이 있었는데, 이때 트릭아트를 게임으로 만들면 재미있겠다고 생각하게 되었습니다. 트릭아트를 실제로 게임 내에서 구현 가능한 것을 확인한 후에 바로 제작을 시작했습니다."라며 '트릭아트 던전'의 제작 동기를 밝히고 있다.

　'트릭아트 던전'은 착시 어드벤처 장르로 트릭아트trick art로 구성된 독특한 퍼즐, 매 스테이지마다 새로운 그래픽과 기믹gimmick들로 구성된 다양한 테마, 강렬한 스토리와 독특한 연출로 구성된 스토리 텔링을 특징으로 하고 있다.

　어린아이가 박물관에서 부모님을 잃고 그 부모님을 찾아가는 과정을 그리고 있다. 어린아이가 부모님을 잃어버렸다는 공포심 때문에 상상과 현실의 경계가 무너져 가고 그 과정을 트릭아트를 이용해서 표현한다. 유저는 이 트릭아트를 이용해서 아이가 부모님을 찾아갈 수 있도록 돕는 역할을 하게 된다.

게임진행 방식이 모뉴먼트 밸리가 퍼즐 게임이라고 한다면 트릭아트 던전은 어드밴처 게임이다. 즉 게임을 진행하는 방식 자체가 굉장히 다르다. 추구하는 바도 이 게임을 통해서 아이의 심정과 감정을 전달하고 싶었기 때문에 스토리에 비중이 높다는 점이 다르다.

한상빈 대표의 '트릭아트 던전'에 대한 비즈니스 모델 방식은 남달랐다.

제 생각에 게임 콘텐츠는 인터랙티브하게 즐기고, 몰입도 높은 경험을 했을 때의 만족감을 바탕으로 요금을 지불하는 것이라고 생각해요. 수익모델을 생각해서 게임 플레이 사이사이에 IAP나 광고를 넣어 두면, 게임 몰입을 해쳐서 오히려 집중을 방해하는 것 아닐까 싶은데요. 물론 몰입을 위해서는 과금이나 광고가 없어야 하고, 사전에 유료로 구매해서 오롯이 게임을 즐기는 그런 모델이 언제나 다 좋다는 건 아니에요. 게임마다 그 특성에 따라서 수익모델도 다를 텐데요. '트릭아트 던전'은 유저가 플레이를 하면서 한 편의 영화 같은 감동을 얻고, 마지막 엔딩을 보고 난 후에는 '아! 좋았다' '돈 주고 산 게 안 아깝다' 이런 만족감을 느끼게 하고 싶다는 방향으로 설계를 했거든요. 앞으로 개발하는 게임들에 '사전의 유료 결제'만 고집하지는 않고 IAP도 있고 광고도 있고 게임 특징마다 다르게 갈 거예요.

'트릭아트 던전'의 퍼블리싱은, 모바일 버전은 자체 서비스, 콘솔닌텐도 스위치, PS4 및 PC버전은 현재 퍼블리싱 계약이 완료되어 퍼블리셔에서 직접 포팅 및 서비스를 한다.

한상빈 대표는 게임 제작에 2년이란 기간이 걸린 것에 대해 다음과 같이 설명한다.

게임은 결국에는 재미있어야 하는데 기존에 만들었던 게임은 재미가 부족하다고 판단을 했습니다. 그런 것들을 개선해 나가면서도 일반인들이 게임을 플레이하는 데 영향이 없게 다듬어 나가다 보니까 여러 차례 다시 개발하게 되었습니다. 쉽게 설명하자면 첫 번째 스테이지를 다섯 번 새로 만들었어요. 그리고 그 뒤쪽에 있는 스테이지들도 처음에는 8개 스테이지가 있었다가 개발기간이 부족하니까 7개 스테이지, 6개 스테이지로 줄였거든요. 그러다 보니까 스토리들도 계속 수정을 보게 되었고 연출 스테이지들도 계속해서 손을 보게 되었습니다.

한상빈 대표가 이 게임을 만들 때의 목표는 매니아들에게만 인정받고자 하는 건 아니었다고 한다. 자신의 어머니나 아버지에게 게임을 시켜 드렸을 때 무리 없이 게임 엔딩을 보고 그 스토리를 따라가면서 어떤 여운 같은 걸 남게 했으면 좋겠다고 생각했다. 그리고 최종적으로 완성을 하게 되는 시점은 길을 가던 시민 아무에게나 "이 게임을 한번 해 보시겠어요?"라고 추천했을 때 무리 없이 게임 엔딩을 보고 그 과정에서 "좋은 게임이었어요"라고 평가를 듣는 게 최종 목표라고 밝혔다.

'트릭아트 던전'을 출시하면서 스스로 아쉬운 점에 대해서도 다음과 같이 이야기하고 있다.

> 트릭아트에 대한 아쉬움이 있는 거 같아요. 유저분들이 스펙터클한 퍼즐 액션게임을 생각하셨던 것 같아요. 그런데 트릭아트 던전을 개발하다 보니까 트릭아트가 정확하게 맞아떨어지려면 많은 조건들이 필요하거든요. 그래서 능동적으로 사용하지 못했고, 또한 퍼즐도 저희는 게임 행사장 같은 데 가서 일반인들이 했을 때 막히는 것들을 보고서 "조금 더 쉽게 해야겠구나"라고 생각을 했어요. 그런데 게임을 좋아하시는 분들이 보기에는 너무 쉬웠던 거죠. 그런 부분에서 저희가 판단 미스가 있었던 것 같습니다.

1인 개발자로 인디게임 개발을 시작해 지금은 18명을 거느린 대표에게 있어 게임 창업의 터닝 포인트를 준 것은 경기게임오디션이다.

> 게임오디션은 제 인생에 있어서 터닝 포인트라고 할 정도로 굉장히 많은 지원들을 받을 수 있었어요. 구체적으로는 제작 지원뿐만 아니라 제작할 수 있는 사무실 공간 지원 이외에도 후속 지원들이 많이 있었습니다. 저처럼 1인 개발을 하던 사람에게는 정말 패키지라고 할 수 있을 정도로 모든 지원을 받을 수 있는 사업이었습니다. 게임 창업을 준비하시는 분이라면 게임오디션에 꼭 합격하셔서 그 많은 혜택들을 직접 누릴 수 있으면 좋겠습니다.

지원플레이그라운드구 지원이네오락실는 '잊지 못할 게임을 만든다'는 비전 아래, 계속해서 새로운 형태의 게임들을 만들어 갈 예정이다. 현재 VR게임 2종을 개발 중에 있으며, 대중들이 쉽게 즐길 수 있지만 VR 기기에 특화된 새로운 게임 툴로 유저들에게 다가갈 계획이다. PC게임도 1종 개발 중에 있으며, 픽셀아트 감성의 생존 액션게임으로 인디게임 유저들이 좋아할 만한 요소들로 채워 개발 중이다.

6

제8회 게임창조오디션 1위: 드레이크마운트 〈드레이크&트랩〉

보스를 공격하라!
제8회 게임창조오디션 1위로 2021년이 더욱 기대되는 게임

드레이크마운트 주재학 대표의 게임 개발에 대한 철학은 "게임은 항상 새롭고 재미로와야 한다. 그렇지 않은 게임은 디지털 쓰레기와 같다"라는 것이다.

고려대 컴퓨터공학과에서 학사와 석사를 마치고 유명 대기업에 다니던 그가 대기업을 그만두고 들어간 벤처회사는 생각만큼 녹록하지 않았다. 밤낮없이 일하며 모든 열정을 쏟아부었던 벤처회사가 1년 만에 폐업하는 것을 보며 벤처의 현실과 냉혹함을 배웠다고 한다.

주재학 대표가 게임창조오디션에 도전하게 된 동기 또한 다른 대표들과는 달랐다. 그가 게임창조오디션에 참가하게 된 것은 자신들이 개발한 게임의 냉혹한 현실과 냉철한 비판을 받고 싶어서였다고 고백했다. 지인들이 말하는 일반적인 뻔한 평가나, 듣기 좋으라고 하는 그런

말로는 '드레이크&트랩DRAKE & TRAP'의 성공을 보장할 수 없었다. 그에게 필요한 것은 대중의 객관적이고 냉철한 비평이었다. 1년 이상 밤낮 없이 개발에 혼신을 다한 새롭고 재미있는 게임이 대중에게 먹히느냐는 그야말로 객관성이 보장되어야 했다.

그러던 그가 게임창조오디션을 진행하는 중에 자신의 게임에 확신을 갖게 된 것은 심사위원 모두가 자신의 일을 잊고 게임에 푹 빠져 있는 모습을 보면서이다. 그때 "우리가 만든 게임이 정말 재미있는 게임이 맞구나"라는 자신이 생겼다고 한다. 오디션이 끝난 후 심사위원들 모두가 게임이 너무 재미있고, 손을 놓을 수가 없을 정도로 참신하고 독창성이 있다고 전했다.

'드레이크&트랩'은 수많은 몬스터들과 트랩을 돌파하고 던전을 무찔러 보스를 공략하는 전략 어드벤처 게임이다. 가시, 대포알, 망치 등 트랩의 종류가 많고 플레이어가 간단한 조작으로 대규모 유닛을 컨트롤할 수 있어 집단전투의 재미 요소가 강화되었다.

'드레이크&트랩'은 퍼즐형 어드벤처 모바일 게임처럼 입체적인 맵 구조를 갖고 있다. 실시간으로 변하는 맵과 다양한 유닛 컨트롤을 모바일에서 구현하는 게 어려운데, 이런 문제를 해결해 원활히 플레이 할 수 있도록 한 것이 특징이다.

주재학 대표는 '드레이크&트랩'을 개발하게 된 배경에 대해서 다음과 같이 밝히고 있다.

기존에 없는 새로운 걸 만들고 싶었어요.

이미 시장에 있는 게임을 만들면 어차피 자금이 많은 큰 회사들한테 밀릴 게 뻔하니 아무도 생각하지 않았던 게임을 만드는 게 목표였어요. 그러다 보니 아이디어가 나오면 만들고, 테스트해서 생각만큼 재미없으면 부시고, 또 새롭게 아이디어를 짜고 하는 과정을 반복했어요. 드레이크&트랩 프로젝트에서만 테스트하고 다시 만드는 과정을 5~6번은 한 거 같아요. 그래도 드레이크&트랩 프로젝트는 통채로 날리진 않았죠. ㅎㅎ

이제와서는 "좀 적당히 배끼는 게 좋았었나?"라는 생각도 들어요. 제작 과정이 너무 힘들었어요.

'드레이크&트랩'은 기존의 모바일 던전 게임이랑은 문법이 다르다. 기존 던전 게임들은 컨트롤 요소가 적고, 트랩보다는 적 유닛이 많이 나오고 아군 규모도 적다. 그러나 드레이크&트랩은 대규모 유닛, 수많은 트랩을 컨트롤로 헤쳐 나가야 하는 게임이다. 그 때문에 유저에게 게임을 학습시키는 게 쉽지 않았다고 한다.

주재학 대표는 창업을 하게 된 동기와 창업을 하면서 겪은 어려움에 대해 말하면서 창업을 준비하는 사람에게 꼭 당부하고 싶은 말이 있다고 전했다.

> 학생 때부터 창업에 대한 생각이 조금은 있긴 했어요. 대기업 사업부에서 일을 하면 나중에 제가 사업을 시작했을 때, 많은 꿀팁들을 얻을 수 있을 거라 기대했어요. 근데 일을 해 보니 아무리 생각해도 앞으로 제가 겪을 상황과는 거리가 너무 먼 거 같더라고요. 대기업이 괜히 대기업이 아니잖아요. 바닥부터 시작해야 할 저한테 도움이 될 만한 일들이 별로 없었어요. 그래서 진짜 무작정 퇴사하고 벤처회사에 들어갔죠. 여기서 진짜 밤낮없이 일했는데 1년 만에 회사가 폐업했어요. 당시에 좀 화가 나기도 하고 내가 당장 시작해도 이것보단 훨씬 잘할 거 같아서 창업을 했죠. 물론 결과적으로 큰 실수긴 했어요. 그 회사보다 잘하는 건 아무 의미 없는 거였는데… 그때 창업하면 안 됐었는데… 다른 벤처에 가서 더 배웠어야 했는데… 하는 아쉬움이 많이 남아요.

> 창업에는 돈과 인력 수급이 기본이죠. 단순히 말하면 게임회사에 필요한 모든 거라고 봐도 될 거 같아요. 돈이 없는 거야 뭐 맨땅에 헤딩하면서 시작한 스타트업이니 당연한 거긴 한데… 제가 게임회사에서 오랫동안 일을 하다가 창업한 사람이 아니다 보니 인맥으로 당겨 올 사람이 하나도 없었어요. 그러니 일할 사람이 부족하고 일할 사람이 부족한 회사다 보니 투자는 당연

히 못 받고 돈이 없다 보니 사무실도 변변치 않고 사무실이 변변치 않다 보니 직원 뽑기 힘들고… 뭐 정부지원사업도 남의 얘기였던 거죠. 사람과 돈이 없으니 사람과 돈도 더 없어지는 악순환… 경기게임오디션이 제가 받은 첫 정부지원자금이었어요.

제8회 경기게임오디션 우승은 드레이크마운트의 '게임 개발에 대한 끈기'와 수십 번의 테스트를 거치면서 '재미있고 새로운 게임을 개발하고자 하는 소신'이 만들어 낸 주재학 대표의 철학적 산물이다. 그렇기 때문에 '드레이크&트랩'은 2021년이 더욱 기대되고 기다려진다.

드레이크마운트 주재학 대표는 앞으로도 그의 소신과 철학으로 직원과 함께 기술력이 뒷받침되는 재미있고 새로운 게임을 만들고 싶어 한다.

드레이크마운트는 진짜 오랫동안 헤딩과 삽질을 하면서 버텨 온 회사예요. 근데 그러다 보니 쌓인 소스코드가 30만 줄이 넘더라고요. 게다가 그게 전부 인게임 로직, 알고리즘 이런 것들이에요. 기술력만 보면 중소규모 회사 중에선 원탑이라고 생각해요. 그래서 계속 그 기술력을 사용할 수 있는 대규모 전투가 동시 다발적으로 벌어지는 게임들을 만들어 갈 거고요. 여전히 어디서도 보지 못했던 아이디어로 게임을 만들 거예요. 이걸 기준으로 "이번에는 컨트롤 난이도를 좀 낮춰서 만들어 볼까? 이번에는 전략 선택이 더 중요한 걸 만들어 볼까?" 이 정도 차이만 있을 거 같아요. 그리고 역시 퍼블리셔에게 계속 맡길 거예요. 저희가 성장하면 외국 퍼블리셔들도 막 찾아오지 않을까요?

'드레이크&트랩'은 게임창조오디션 심사위원들이 심사를 잊고 게임에 몰두할 정도로 매력 있고 재미있는 게임이다. 드레이크마운트가 1년 이상을 갖은 마음 고생을 하면서 만들어 낸 산출물이다. 게임창조오디션에서 받았던 인기처럼 많은 유저들에게도 흥행하는 2021년이 되길 기대한다.

7

구글플레이 인기게임 순위 8위: 문틈 <던전을 찾아서>

잃어버린 기억을 찾아서, 〈던전을 찾아서〉

구글플레이 인디게임 페스티벌에서 TOP 10에 선정

경기게임오디션 5회에서 TOP 1위 선정

최고기록으로는 구글플레이 인기순위 8위, 구글플레이 매출순위 96위를 기록했으며 일매출 1000만 원 이상 기록

제5회 경기게임오디션 1위에 선정된 '문틈'은 2014년부터 시작한 1인 개발사이다. 집에서 게임 개발을 하다가 열린 문틈을 보고 회사명을 짓게 되었다고 한다. 문틈 지국환 대표가 처음 게임을 개발하게 된 배경은 매우 특이하다. 그런 그가 2015년과 2016년에 1인 개발자로서 캐주얼 롤플레잉 게임 '던전999F', 만화가를 키우는 '카툰999'를 만들어 구글플레이 올해의 인디게임으로 선정된 이력은 문틈을 국내 인디게임 선두주자로 키우는 데 좋은 경험이었다. 항상 기억에 남는 재미있는 게임을 만들기를 희망하는 지국환 대표는 문틈의 대표자로서 게임 개발에 몰두하고 있음은 물론이며, 인디게임을 개발하고자 하는 젊은이들을 위해 경기게임아카데미에서 교수로서 그리고 열정 있는 멘토로서 국내 인디게임산업에 좋은 귀감이 되고 있다.

네이버 영상디자이너 출신이며, 『C#초보자를 위한 유니티 게임개발 스타트업』을 집필한 경험 있는 작가이다. 대표의 강의와 멘토링은 많은 인디게임 개발자들에게 현장의 풍부한 경험을 배울 수 있는 사례가 되고 있다.

'던전을 찾아서'를 제작하게 된 배경에 대해서 문틈 지국환 대표는 다음과 같이 밝히고 있다.

반복적으로 출시되는 모바일 RPG를 하며 성장과 전투에만 집중되어 있는 구조에 약간의 아쉬움이 있었습니다. 어릴 적 했던 고전게임들처럼 스토리가

있고 자유도가 높은 RPG를 해 보고 싶은 마음에 직접 한번 만들어 보자 하며 시작하게 되었습니다.

'던전을 찾아서'는 멀티엔딩 롤플레잉 게임이다. 주인공 잭이 잃어버린 기억을 찾기 위해 여행을 떠나던 중에 촌장의 의뢰가 들어오게 되고 이를 계기로 모험을 시작하게 된다.

성장형 RPG와는 조금 다르게 모험 그 자체에 초점이 맞춰져 있고, 정해진 스테이지보다는 자유롭게 개방된 월드를 탐험하는 방식이다. 화면에 보이는 꽃, 돌멩이, 나무, 마을의 책장까지도 인터랙션이 가능하며 등장인물들과 대화를 통해 동료로 영입할 수 있다. 자유도

가 높은 편이며 성장방식도 조금은 특별하다. 캐릭터별로 고기 굽기, 역사학, 채광, 낚시 등 개성이 있는데 이런 특성레벨을 올려서 능력치를 키우는 것이 특징이다. 게임의 이와 같은 특징이 창조오디션이나 구글인디페스티벌 등의 대회에서 좋은 평가를 받게 되었고 출시 후에도 유저들이 가장 좋아하는 포인트로 작용하였다.

'던전을 찾아서'는 던전999F 라는 게임의 후속작이다. 던 전999F에서 모든 던전을 통 과한 '잭'과 '로즈'라는 캐릭 터는 던전999층의 탐사를 요 청했던 촌장에게 돌아오게 되 는데 돌아와 보니 촌장은 사 라져 있고 그 촌장을 찾기 위 해 다양한 모험을 떠난다는 것이 기본 스토리이다.

　　주요 특징으로는 다양 한 분기점이 있는 시나리오 와 자유도 높은 성장방식이 다. 게임을 진행하며 다양한 분기점이 나오고 그 분기점 에 따라 합류하는 동료가 바뀌며 게임의 시나리오가 변경된다. 물론 엔딩도 여러 가지 구조를 가지고 있다. 또한 캐릭터별 스킬북을 이용한 자유로운 성장이 가능해 게임 내의 동료들을 다양한 성향으로 키울 수 있는 것이 특징이다.

　　게임 내의 편의성을 해결해 주는 몇 가지 아이템식사를 대신 해 준다거나 물약을 자동으로 써 주는들이 주요 수익방안이었으며, 게임 내에서 유저들이 새롭게 배울 수 있는 스킬북이 많은 매출을 견인하였다.

　　'던전을 찾아서'가 다른 모바일 게임과의 차별점은 다양한 시나리오 구성, 모바일 게임에서는 드문 멀티엔딩이 특징이다. 엔딩 후 무한의 던전을 돌며 다양한 컬렉션을 모아 라이브러리를 채우는 점도 특징이라고 할 수 있다.

문틈 지국환 대표는 창업 시 가장 어려웠던 점에 대해서 다음과 같이 밝히고 있다. "오랜 개발기간 동안 이 게임이 제대로 완성될 수 있을까에 대한 걱정이 가장 큰 어려운 점이었습니다. 오디션과 지원사업을 통해 다양한 혜택을 받았지만 그 이전에 게임완성 자체에 대한 걱정이 모든 개발자들의 가장 큰 어려움이 아닐까 싶습니다."

문틈 지국환 대표는 그의 인디게임 창업에 있어서의 성장 포인트로 '경기게임오디션'을 뽑았다. 1인 개발자는 집과 카페를 전전긍긍하며 여기 저기 옮겨다니면서 개발을 하는데 안착할 수 있는 오피스를 제공받을 수 있어서 좋았다고 한다.

또한 게임창조오디션을 진행하면서 게임이 레벨업되고, 게임의 퀄리티를 높일 수 있었다고 한다. "중간 평가단 투표를 위한 전시를 진행하면서 유저들이 어떤 방식으로 게임을 접하는지를 직접 확인하며 게임의 완성도를 높일 수 있었습니다. 영예의 1위를 차지하면서 게임 창업에 대한 열정과 의욕을 되살리는 계기가 되었죠"라고 지국환 대표는 말했다. 그는 개발자로서 원하던 RPG를 개발한 이후 만족감을 느꼈지만 다시 한번 이 장르를 개발하는 건 쉽지 않은 것 같다는 생각이 들었다며, 추후에는 가볍게 접근할 수 있는 다양한 장르의 게임을 만들어 실험해 볼 예정이라고 향후 계획을 밝혔다.

실패를 통해서 배우는 게임 창업 스토리…
CUBEPLAY 김상연 대표에게 듣다

66

대표님은 대형 온라인 게임은 물론 모바일 게임까지 출시한 경험도 있으시고,

수백억 원의 투자를 받아 게임회사를 운영하신 경험도 있으신데요. (좀 아픈 질문)

물론 당시 중국과의 사드문제로 국내 게임회사들이 상당한 피해를 입긴 하였지만…

대표님이 생각하시기에 회사가 파산을 하게 된 가장 큰 이유가 무엇인지 말씀해 주시겠습니까?

99

엠씨드가 파산 및 폐업을 하게 된 경위는 2016년 '사드(THADD)'로 인하여 한·중 관계가 악화되어, 가장 중요한 게임 타이틀인 모바일 게임 '벚꽃삼국'의 중국서비스가 해지되었기 때문입니다. 3년여의 많은 노력을 기울여 중국을 위해 개발하였고, 중국 게임회사인 '스네일 게임즈'를 통하여 벚꽃삼국 서비스 계약을 체결하기도 하였으나, '사드(THADD)'의 영향으로 모바일 게임의 중국 내 서비스를 위한 '판호'라는 허가증 발급을 일방적으로 요구당하였고, 많은 노력 끝에 판호를 취득받기도 하였으나, 최종적으로 스네일게임즈에 일방적으로 계약이 해지되기에 이르렀습니다. 스네일게임즈와의 계약해지에 따라서 엠씨드는 그동안의 R&D 자금이 물거품이 된 동시에, 중국으로부터 받아야 할 상당금액의 미지급 계약금과 로열티 등을 받지 못해 막대한 금전적인 손해를 보게 되어, 최종적으로 영업을 중단한 상태로 파산 및 폐업에 이르게 되었습니다.

66

대표님께서는 실패에도 불구하고 계속해서 도전하시고 새롭게 재기를 하고 계신데요.

게임 창업의 실패를 통해서 배운 것은 무엇이며,

실패의 경험을 통해 게임 창업을 준비하는 창업자들에게 당부하고 싶은 말은?

99

저는 대한민국 게임산업 초기부터 몸담아 오며 게임산업을 위해 제 청춘을 보내며 많은 사업적, 개발적 경험을 쌓았다고 자부합니다. 엠씨드를 경영하며 큰 금액의 유명 벤처캐피털 외부 투자를 유치하는 등 피나는 노력으로 성공의 문 앞에까지 왔지만, 예상치 못하게 사드라는 외부적인 요인으로 인해 크나큰 실패를 경험하게 되었습니다. 그로 인해 인생의 큰 아픔을 겪으며 고난의 시간 동안 게임업계를 떠나 다른 업종에 종사할까도 많은 고민을 하였습니다.

하지만 본인이 쌓은 이 실패의 경험들을 사장시키는 것보다는 사회와 게임산업의 소중한 자산으로 남게 하는 것이 옳다고 판단하였습니다. 재기를 해서 저 스스로 다시 성공하는 것이 그동안 저를 믿고 응원해 준 모두에게 맞다고 생각하여 재창업을 하게 되었습니다.

다른 창업자 분들에게 드리고 싶은 말은 시장에 대해서 보수적인 관점으로 접근하고 본인이 할 수 있는 일에 대해서는 핵심 역량에 집중하되, 창업자 자신이 너무 지치지 않도록 자기 스스로를 배려하도록 하는 것 또한 잊지 않았으면 합니다.

> **대표님은 종종 게임 창업에 있어 가장 중요한 것은 사람이며, 인력관리라고 하셨는데요.**
> **게임 창업을 준비하시는 분들에게 왜 사람이 중요하며,**
> **인력관리를 어떻게 하는 것이 효율적인지 말씀해 주실 수 있는지요?**

초기 게임 시장이 우수한 인력과 창의적인 기획, 그리고 헌신적인 창업자들, 개발진들의 노력으로 시장 진입에 성공했다면, 최근 국내 게임 시장은 점차 자본 집약적인 시장으로 바뀌고 있습니다. 하지만 그럼에도 불구하고 게임산업에서 가장 중요한 것은 역시 인력관리라고 볼 수 있는데요… 아직까지 자본보다는 사람들에 의해서 성공이 좌우되는 산업이기 때문이라고 생각합니다. 결과적으로 제조업과 같이 딱딱한 관리 시스템보다는 핵심 인력들이 노력에 대한 보상을 받을 수 있도록 보상 시스템을 강화해야 합니다. 프로젝트에 참여하는 인력 개개인은 본인이 맡은 분야에 대해서는 스스로 의사결정을 할 수 있는 권한을 부여받아 능동적으로 업무할 수 있는 환경을 만들어 주는 것이 인력관리의 핵심이라고 생각합니다.

> **게임 창업으로 성공과 실패를 모두 경험해 보신 유경험자로서,**
> **지금 게임 창업으로 성공하신 분이거나 초기 게임 창업 단계에 계신 분들에게**
> **게임회사를 경영하면서 유의할 점에 대해서 말씀해 주세요.**

위에서도 말씀드렸지만, 게임회사를 창업한다는 것은 단순히 개발을 떠나 재무·회계·사업 등 모든 분야를 다 잘 알아야 합니다. 이 부분에 있어서 혼자서 감당할 수 없다면 정부의 스타트업 육성과 관련한 다양한 정부지원사업을 찾아 도

움을 받거나, 주변 기창업자들을 찾아 회사 경영 노하우들을 익히는 것이 좋을
듯합니다. 아울러 사업을 함에 있어 성공의 순간은 찰나이고, 위기는 지속됩니
다. 작은 성공의 순간들은 즐기고 만끽하되 위기를 스스로 인지하고 준비하는
마음가짐이 경영자에게 꼭 필요하리라 생각되네요.

> 대표님은 해외는 물론 국내에서도 게임분야에 상당한 네트워크를 갖고 계신 걸로 알고
> 있습니다. 하나의 게임이 성공하려면 투자는 물론 퍼블리싱에 있어서도 풍부한 인적
> 네트워크가 필요합니다. 대표님만의 이러한 인적 네트워크를 쌓은 노하우가 궁금합니다.

아무래도 비즈니스를 하면서 신뢰를 쌓는 것이 가장 큰 바탕이라고 생각합니다.
제가 좋은 상황에서야 그런 부분을 언급할 필요는 없겠지만 제가 안 좋은 상황
이 되었을 경우라도 제가 아닌 상대방 입장에서 먼저 피해를 고려하여 솔직한
모습으로 사람을 대해야 합니다. 상황을 잘 마무리할 수 있도록 최대한 책임지
면서 마무리를 잘하는 모습이 매우 중요합니다. 그래야 내가 어려운 상황을 만
나도 나를 도울 수 있는 인맥이 생길 수 있습니다.

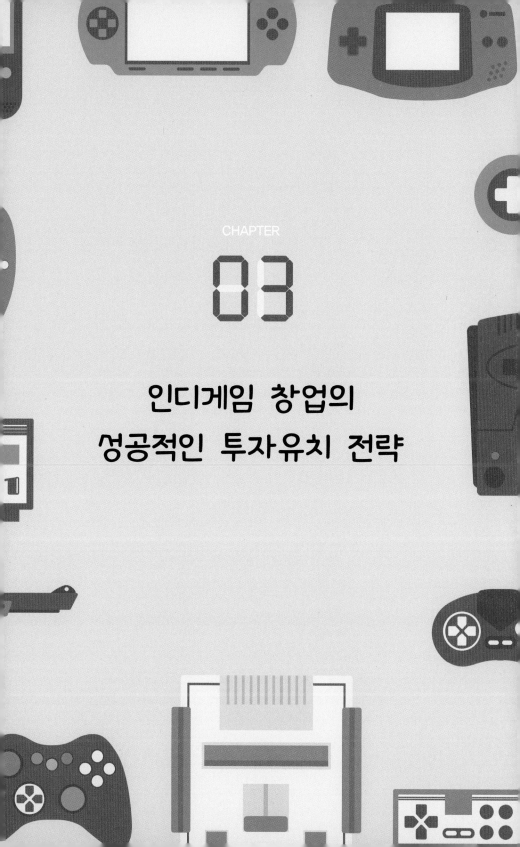

03

인디게임 창업의
성공적인 투자유치 전략

인디게임이 몰려온다

03 인디게임 창업의 성공적인 투자유치 전략

1

게임 자체의 재미에 집중하라

경기콘텐츠진흥원에 20년 가까이 근무하면서 수백 명의 게임 창업자를 만나고 수백 번의 게임제작지원 심사를 하면서, 최근 5년 전부터 창업자의 창업동기가 많이 달라지는 것을 느낄 수 있다. 과거 5년 전까지만 해도 게임 창업자들의 창업동기를 물어보면 대부분이 "게임이 좋아서, 또는 내가 만들고 있는 게임이 매우 재미있어서"라고 대답하는 경우가 대부분이었다. 그러나 최근에는 게임 창업동기를 물어보면 특정장르의 게임이 최근 전망이 밝고, 수익성이 있기 때문이라고 대답하는 사람이 많다. 특히 '캔디 크러쉬'의 성공으로 많은 게임 창업자들이 F2P 방식의 수익모델을 선호하는 경향이 강하게 나타는 것이 특징이다. 게임은 무료로 시작하되 필요한 스텝에서 부분 유료화를 통해 수익을 창출하는 형식의 수익모델이다.

물론 시대적 변화에 따라 선호하는 게임의 장르와 수익모델 방식이 변하는 것은 당연하다. 그러나 그보다 더 중요한 것은 자신이 만들고자 하는 게임이 게임 유저들에게 흥미를 줄 수 있는 게임이냐 하는 것이다. 최근 만나는 많은 게임 개발자나 창업자를 보면 게임 자체의 재미를 간과하고 수익성이나 비즈니스 모델에 치중하는 것 같아 많이 아쉽다.

나 역시 얼마 전까지 단순히 게임을 좋아해서 게임을 창업하는 창업자들과 컨설팅을 할 때만 해도 "도대체 이 게임의 수익모델은 뭐지? 이 게임으로 어떻게 돈을 벌 계획을 하고 있는 거지?"라고 속으로 생각하는 경향이 강했다. 내가 게임 전문 엑셀러레이터 GTR 김호규 지사장을 만나기 전까지 나의 생각에는 변화가 없었을 것이다. 이 책을 쓰기 위해 GTR 김호규 지사장에게 나의 고민을 털어놓았다.

저도 수많은 게임 개발자와 예비창업자를 만나 보았습니다만, 많은 게임 창업자들이 수익모델을 고려하지 않고 자기가 좋아서 게임을 개발하는 상황을 많이 접하게 됩니다. 게임 창업자들이 게임 개발 시 가장 고려해야 할 비즈니스 요소는 무엇일까요?

게임 창업 엑셀러레이터인 그의 대답은 뜻밖이었다. 뭔가 특별하고 성공할 만한 특별한 수익모델을 제시할 것이라고 기대했던 나에게 돌아온 그의 답은 '재미'라는 단 한 단어였다.

역설적으로, 수익모델보다 게임 자체의 재미에 집중하는 것이, 비즈니스를 성공으로 이끌어 내는 가장 좋은 방법이라고 생각합니다. 모바일 게임 시장으로 넘어오며 Free2play, Pay2win 방식의 비즈니스가 보편화되고, 수많은 사람들이 게임의 Retention과 LTV를 계산하여 수익성을 예측하지만, Retention을 올리는 비법은 널리 전파되지 않고 있습니다. 게임의 본질은 Copy&Paste 할 수 없는, 콘텐츠 비즈니스로서 게임마다 가지는 고유의 가치에 집중하는 것이 가장 중요한 일입니다. 이 부분은 창업가 스스로 게임의 재미라는 본질적인 가치에 치열하게 접근하려고 노력함으로써 얻을 수 있는 일이라고 생각합니다.

김호규 지사장의 말처럼 게임 스타트업들을 컨설팅하면서 느낀 점은 많은 예비창업자가 게임의 재미적 요소보다는 자신들의 수익모델의 우수성을 강조하는 사람들이 많아지고 있다는 사실이다.

2016년 〈스타듀 밸리〉라는 인디게임을 출시해 백만장자가 된 에릭 바론Eric Barone 역시 그의 성공 비결을 '콘텐츠의 재미, 콘텐츠의 흥미'로 뽑았다. 그는 농장을 가꾸는 일본 게임인 〈하베스트 문〉 시리즈에 푹 빠지면서 〈스타듀 밸리〉를 개발했다고 개발동기를 밝혔다.

〈하베스트 문〉의 재미에 푹 빠진 바론은 〈하베스트 문〉 이상의 게임을 개발하고 싶었고, 4년이란 기간 동안 방구석에서 인디게임의 세계적인 대작 〈스타듀 밸리〉를 완성하게 된다. 4년 동안 그는 캐릭터를 개발하고, 유튜브를 보면서 스프라이트를 구성하는 방법을 익히고, 직접 게임의 배경음악도 작곡하기도 한다. 수익모델이나 수익성을 생각하고 게임을 개발했다면, 4년이란 기간이 그에게는 지옥의 시간이었을 것이고, 여자친구인 엠버 헤이그먼에만 의존하며 게임 개발에만 몰두해야 하는 삶 역시 매우 고통의 시간이었을 것이다. 그러나 〈스타듀 밸리〉를 개발하는 동안 게임을 기다려 준 많은 팬들과 소통하면서, 하루하루 〈스타듀 밸리〉의 부족한 점을 보완하면서, 게임의 재미 요소를 극대화하고 기술적 하자를 보완하여 마침내 세계적인 인디게임을 완성하게 된 것이다.[24]

게임을 개발하는 엔진이 쉬워졌다 해서, 그리고 게임을 출시하는 플랫폼이 다양해지고 간편해졌다고 해서 게임 창업이나 게임 개발이 쉬워진 것은 아니다. 게임을 개발하고 창업하는 것에 있어 가장 본질적인

---

24 제이스 슈라이어, 권혜정 옮김, 『피, 땀, 픽셀』, 한빛미디어, 2018, pp. 113-141.

'재미와 흥미'라는 본질을 망각해서도 안 될 것이며, 또한 그 '재미와 흥미'를 위해 많은 고민과 인고의 시간이 필요함을 잊지 말아야 할 것이다.

2

게임 개발 방향의 Main Key를 잡아라

'사공이 많으면 배가 산으로 올라간다'는 속담이 있다. 여러 사람이 자기의 주장을 내세우면 결국 배가 물로 못 가고 산으로 올라간다는 뜻으로 콘텐츠 업계에서는 프로젝트를 진행할 때 많이 쓰는 속담이다.

게임 제작에 있어서도 마찬가지이다. 대작의 RPG 게임이든 소규모의 인디게임이든 간에 게임 제작에는 개발자, 디자이너, 투자자, 배급사, 경영진, 사용자 등 많은 사람들이 참여하게 된다. 개발자는 게임의 제작 퀄리티를 높이려고 하고, 경영진은 게임의 제작에 투여되는 인력과 기간의 매니지먼트를 가지고 논쟁을 하고, 투자자나 배급사는 게임 제작 과정에서 얼마나 이 게임을 통해 수익을 낼 수 있는지 게임의 수익모델을 가지고 논쟁한다.

그래서 총괄 디렉터가 중요하고, 총괄 디렉터가 어떤 가치관과 맵을 그려 가며 게임을 완성하느냐에 따라 게임의 성패가 달려 있다 해도 과언이 아니다. 게임이 완성된 후의 게임이 추구하는 세계관이나 플레이어들의 인식이나 평가에 대한 확신을 갖고 있는 디렉터라면, 험난한 게임 제작의 논쟁과 갈등을 충분히 조율해 나갈 수 있다. 그러나 게임의 총괄 디렉터가 투자자의 기대치나 배급사의 기대치에 부응하려 하거나, 또는 CEO의 지시나 방침에 따라 게임을 제작한다면 그 게임의 출시 결과는 불 보듯 뻔할 수밖에 없다.

이러한 대표적인 예로 게임업계에서 회자되는 것이 미국의 옵시디언CEO 퍼거스 어커파트의 〈스톰랜드〉 개발취소이다. XBox One의 독점작 〈스톰랜드〉는 수많은 아이디어의 접목, 신기술과 유저 중심의 새로운 기능 추가, 마이크로소프트의 게임에 대한 과한 욕심, 배급사의 기대 등 걷잡을 수 없는 사공이 출연하게 된다. 퍼거스 어커파트는 〈스톰랜드〉에 대해 한 인터뷰에서 "스톰랜드는 모두가 두려워하는 괴물이 되었죠"라고 언급하며 〈스톰랜드〉의 침몰에 대해 이렇게 언급했다. 〈스톰랜드〉의 침몰은 옵시디언의 경영상에 엄청난 위기를 몰고왔으며, 〈스톰랜드〉에 참여한 수많은 인력을 구조조정해야 했다. 침몰해 가는 옵시디언을 구한 것은 〈필라스 오브 이터니티〉를 통한 크라우드 펀딩의 성공이었다. 초심으로 돌아가 〈필라스 오브 이터니티〉를 구상하고, 게임에 대한 세계관, 주인공 캐릭터의 설정, 인피니티 시절의 90년 RPG 게임 철학의 계승 등 명확하고 분명한 게임의 장기적인 맵을 그린다. 옵시디언은 킥스타터를 통해 416만 달러의 개발비 모금에 성공하게 되고, 이로서 게임 제작의 재기에 성공하는 발판을 다시 만들게 된다.25

〈필라스 오브 이터니티〉의 성공에는 브레네케와 조시 소여라는 총괄 디렉터의 역할이 매우 크게 작용했다. 이 두 명의 총괄 디렉터가 게임 제작의 처음부터 끝까지 'Main Key'를 쥐고 험난한 항해의 선장 역할을 했기 때문에 〈필라스 오브 이터니티〉를 성공시킬 수 있었다. 물론 둘 사이에도 사소한 논쟁이 있기는 하였지만, 〈스톰랜드〉의 실패의 교훈을 배운 두 디렉터는 〈필라스 오브 이터니티〉에서는 기획단계에서부터 정확한 페르소나를 만들고, 캐릭터의 종류, 퀘스트를 수행할 때 사용자가 가져야 하는 철학이나 가치관을 만들었다. 게임에 대한 장기적인 세계관이 분명했기 때문에 두 디렉터는 게임 제작의 어려운 위기 때

25 제이슨 슈라이어, 권혜정 옮김, 〈피, 땀, 픽셀〉, 한빛미디어, 2018, pp. 29-67.

마다 투자자나 배급사, 그리고 팬들의 염려 등에 있어 충분이 소통을
하며 설득하고 이해시킬 수 있었다.

경기콘텐츠진흥원 판교클러스터 센터장으로 재직 중에 있을 때 게
임 스타트업을 선정하는 심사를 엑셀러레이터 전문회사 컴퍼니B 엄정한
대표와 함께 참여한 적이 있다. 우리는 심사를 마치고 차를 마시면서 이
번 프로젝트에 참여한 게임들의 아쉬운 점에 대해서 이야기를 나누었다.

> 대표님! 게임을 이제 막 제작하려는 스타트업이라 그런지 아이디어는 참
> 신선하고 훌륭하죠… 근데… 너무 자기가 좋아하는 스토리나 자기가 좋아하
> 는 방향으로 게임을 개발하려는 경향이 강하죠? 게임의 내러티브 구조나 전
> 체적인 세계관이 부족한 거 같아요. 그리고 고객에 대한 타겟팅도 좀 부족해
> 보이고요.

컴퍼니B 엄정한 대표 역시 게임의 세계관이나 유저 타겟팅에 대한
아쉬움, 비즈니스 모델의 방향에 대해 이야기했다.

> 고객에 대한 명확한 타겟팅이 필요합니다. 대부분 10대, 20대를 타겟으로
> 하고, 연령별로 타겟팅을 하는 것이 대부분인데, 정확한 페르소나를 만들고
> 그 사용자를 타겟으로 집중해야 한다고 봅니다.
> 물론, 퍼블리셔들이 좋아하는 방향으로만 만드는 것은 게임업계가 편중될
> 수 있어서 바람직하지는 않다고 생각합니다. '자기가 좋아하는 방향'의 게임
> 을 만드는 것은 어찌보면 상당히 중요한 요소라고 할 수는 있습니다만, 그렇
> 게 되면 '아티스트'의 길로 빠질 수가 있습니다.
> 제가 생각했을 때 가장 중요한 게임 창업자의 '비즈니스 요소'는 바로
> 1) 자기만의 컨텐츠를 확보하고, 2) 그 컨텐츠를 좋아할 팬들을 확보하고
> 3) 그 팬들이 생각하기에 거부감이 없는 수익모델을 붙이는 것이라고 생각합
> 니다. (예. 어비스리움)

게임분야의 비즈니스 모델을 기관에서 한 번 정리해 주는 것도 좋을 것 같습니다. 그러한 비즈니스 모델에 맞춰서 게임을 기획하는 것도 좋고, 그 정리된 비즈니스 모델에서 벗어난 창의적 모델을 한 번 생각해 낼 수 있도록 게임 기획자들에게 이슈를 던지는 차원에서 바람직할 것 같습니다.

결국, 게임 개발의 전체적인 공정에 있어 어떠한 가치관과 세계관을 가지고, 어느 누구의 간섭에도 굴하지 않는 나만의 콘텐츠를 만드는 것이 관건이라고 할 수 있죠.

〈필라스 오브 이터니티〉 브레네케와 조시 소여처럼 회사에 속한 총괄 PM도 있지만, 대부분의 인디게임회사 CEO는 대분이 자신이 총괄 PM을 하면서 경영을 겸하는 경우가 많다. 그리고 70% 이상이 개발자 출신인 경우가 많다. 인디게임 개발의 경우 제작 PM 및 CEO의 역할을 해야 하는 경우가 많기 때문에 CEO는 스토리 개발, 게임엔진, 게임 개발 과정, 마케팅 등 다양한 영역에서 수많은 노력을 해야 한다. 내가 기획한 게임을 단순히 용역을 주거나 채용한 일부 개발자에 의존하는 경우 실패하는 많은 소규모 게임회사를 보아 왔다.

실제로 내가 만난 한 인디게임 제작 대표는 5년간의 게임 출시를 번번히 실패하는 과정에서 얻은 "자신이 왜 실패할 수밖에 없을까"라는 물음에 대해 컴퍼니B 엄정한 대표가 언급했던 '아티스트 기질'이라고 대답했다.

그 대표는 5년의 실패하는 시기 동안 그리스 로마 신화는 물론, 유럽 신화, 중국 신화 등에 대한 인문학적 역량과, 이야기의 서사구조를 이끄는 방법을 인문학 강의와 책을 통해 열심히 끌어올렸다고 했다.

또한 개발자 출신이 아닌 그는 늦은 나이에도 게임 아카데미 과정에 입문해서 유니티나 언리얼 등의 게임엔진을 공부하고, 게임 개발의 기초적인 과정을 배우고 터득하였다고 했다.

　대표는 "실패의 가장 큰 원인은 저의 아티스트 기질과 게임 제작 전 과정에 대한 CEO로서의 개발방향에 대한 'Main Key'가 부재했다는 사실입니다… 늦은 나이에 인문학 공부와 게임 아카데미를 통해서 제 게임의 페르소나를 어떻게 개발하고, 제작하고, 마케팅하는지 배울 수 있었어요"라고 인상적인 말을 남겼다.

　현재 그 대표는 직원 50명을 거느린 중소 게임회사의 대표가 되었고, 성공적인 게임 출시로 창투사의 대규모 펀딩을 이끌어 내기도 하였다. "5년 전에는 정말 몰랐어요. 게임의 스토리 구조를 어떻게 구성하고, 캐릭터의 가치관을 어떻게 설정해야 할지, 그리고 게임 개발에 얼마만큼의 일정이 필요한지 정말이지 몰랐어요. 5년 전에는 정말 개발자의 말에만 의존했죠. 지금은 제가 게임 프로그램과 엔진에 대한 지식과 경험도 풍부해서 정확하게 일정과 예산을 측정하고 관리할 줄 알죠"라며 현재의 변화된 자신의 역량을 이렇게 표현했다.

　게임을 개발하는 과정 중에 있어서 실패가 무조건 독이 되는 것만은 아니다. 옵시디언은 〈스톰랜드〉의 개발 취소를 통해 '누구에게도 흔들리지 말아야 할 게임의 세계관과 장기적 비전'의 중요성을 배웠고, 그 교훈을 통해 〈필라스 오브 이터니티〉를 성공적으로 이끌었다. 앞에서 언급한 대표는 5년의 게임 제작 실패를 통해 게임을 장기적으로 이끌 수 있는 게임의 서사구조와 개발방법을 배울 수 있었다. 게임의 제작과정은 다수의 관계자가 참여하기 때문에 명확하고 정확한 'Main Key'가 없다면 배가 산으로 갈 수 있다는 사실을 잊지 말아야 한다.

3

GTR[26]이 말하는 3단계 투자유치 전략

스타트업이 창업을 하면서 가장 어려운 점은 투자유치는 고사하고 투자자를 만나는 것조차 어렵다는 사실이다. 대부분의 창업투자사는 비즈니스 모델이 명확한 구조의 사업에 투자를 하기 때문에, 이제 막 창업을 준비하는 스타트업이 투자대상이 되기는 어렵다.

　이러한 초기 스타트업 투자를 위해 생겨난 전문 집단이 엑셀러레이터이다. 엑셀러레이터는 2000년대 중반 실리콘밸리에서 시작된 창업 시스템으로 스타트업과 친밀한 관계를 형성하여 창업교육, 멘토링, 네트워킹, 데모데이 등을 전문적으로 서비스하는 새로운 창업지원체계를 말한다. 경쟁 과정을 통과하여 선정된 소수인원의 스타트업을 대상으로 창업교육, 멘토링, 네트워킹 및 초기투자 등을 체계화시킨 Batch 프로그램을 제공하는 촉진자 역할을 하면서 창업생태계에서 주목을 받기 시작하였다.[27]

　국내에서는 이러한 엑셀러레이터의 확산에 따라 중기청에서 2016년 5월 29일 엑셀러레이터의 역할과 등록여건을 완화할 수 있는 법령을 신설하고, 엑셀러레이터가 개인투자조합을 결성할 수 있도록 하는 여건을 마련하였다. 또한 기존의 창업보육센터가 엑셀러레이터로 전환할 경우 필요한 비용의 전부 또는 일부를 지원할 수 있도록 강화하였다.

　국내 엑셀러레이터는 2019년 기준으로 200개가 넘어서면서, 그 엑셀러레이터의 투자분야도 전문화되고 세분화되어 가고 있다. 대부분의 엑셀러레이터가 IT 서비스나 제조 분야에 집중되어 있지만 지금은 바이

---

[26] Global Top Round의 약자로, 게임 스타트업을 전문적으로 육성하는 글로벌 엑셀러레이터이다.

[27] 김용재 외, "벤처 엑셀러레이터의 이해와 정책방향", KISDI, 2014, pp. 2-5.

오, 핀테크, 블록체인 등 분야도 전문화되어 가고 있다.

국내에서 게임분야 엑셀러레이터로는 글로벌 게임 스타트업 엑셀러레이터 GTRGlobal Top Round이 유일하다. GTR은 게임 스타트업을 위한 엑셀러레이터로 "초기 시작 단계 스타트업에게 창의적이고 지속 가능한 미래를 제공Providing Creative, Sustainable Futures for Early stage game Startups한다"는 모토 아래 전 세계의 우수한 소규모 개발사를 발굴하고 육성하는 것을 목표로 한다.

2017년 "인디 개발사의 진정한 파트너가 되겠다"라면서 웹진 인벤과의 인터뷰에서 GTR의 포부를 밝힌 대니 우 대표는 인디게임 개발사에 대한 각별한 애정과 비전을 다음과 같이 밝히기도 했다.

> 게임은 전 세계적으로 많은 사람들에게 알릴 수 있는 콘텐츠인데, 작은 회사들이 이를 도와줄 파트너를 세계 각지에서 만나기는 쉽지 않습니다. 북미부터 유럽, 중국, 동남아 등 게임 시장이 여러 곳에 흩어져 있고, 각자 문화가 다르기 때문에 현실적으로 하나의 게임 개발사가 혼자서 각 지역에 게임을 배포하기는 어려움이 따르죠. GTR은 이런 부분에서 다양한 파트너십을 맺고 있습니다. 퍼블리싱을 전문적으로 도울 수 있는 파트너는 물론, 투자, IP 사업 및 M&A 등 다양한 분야에서 솔루션을 제공해 줄 수 있는 파트너를 계속 만들어 나가고 있고, 이를 통해 하나의 GTR 생태계를 만드는 것을 목표로 하고 있습니다. 정확한 타이밍에 각각 게임사에 알맞은 파트너를 매치시켜 주는 것도 하나의 기술입니다. 개발사와 파트너사를 서로 소개해 드리고, 거기서 긍정적인 불꽃이 일어날 수 있도록 하는 것이 (GTR의) 큰 모토 중 하나이기도 합니다.28

스타트업 지원업무를 총괄하는 나로서는 게임분야의 스타트업은

28 김규만, "GTR 대니 우 대표, 인디 개발사의 진정한 파트너 되겠다", 웹진 인벤, 2017. 11. 1.

개발자 출신이 많기 때문에 실제 창투사와의 상담을 연결해도 매번 거절당하는 일이 일쑤였다. 이러한 곤경에 취해 있을 때 지인의 소개로 GTR 김호규 지사장을 인터뷰할 기회가 생겨 이러한 나의 고충을 털어놓은 적이 있다.

　　게임분야는 특히 개발자 출신들이 창업을 하는 경우가 많습니다. 그러다 보니 투자유치를 받기도 어렵고, 실제 창투사를 연결시켜 주어도 매번 자신이 개발한 게임 이야기만 하다 오는 경우가 많습니다. 게임 창업자가 투자를 받기 위해서는 어떤 준비를 해야 할까요?

　　GTR 김호규 지사장은 아주 전문가답게 크게 3가지의 전략을 제시해 주었다. 이러한 그의 투자유치 전략은 인디게임 창업을 준비하는 사람이라면 반드시 참고해야 할 사항이라고 생각한다.

　　크게 세 가지 정도가 중요한 부분이라고 생각합니다. 우선, 만들고 싶은 게임과 하고 싶은 이야기가 명확해야 합니다. 그냥 시장에 흥행하는 게임들을 따라 만들다 보면, 트렌드가 바뀌면 게임도 바뀌고, 이야기가 일관되지 못하면 게임 자체의 재미에 집중하기 어렵기 때문입니다. 내가 만들고 싶은 게임의 이야기가 오롯이 나로부터 나올 수 있고, 그 부분이 유저들에게 매력으로 다가갔을 때에 사업적인 가치가 크게 부각될 수 있다고 생각합니다. 다음으로, 만들 게임의 범위와 그에 따른 자금계획이 명확해야 합니다. 어느 정도의 기간과 인력을 필요로 하는지에 대한 전체 일정과 예산이 구체적이고 실현 가능해야 하며, 투자하는 사람이 보았을 때에도 납득할 수준의 예산과 일정이어야 하고, 그에 맞는 퀄리티의 게임이 예상 가능한 범위에 있어야합니다. 퀄리티에 대한 욕심이나 눈높이를 낮출 수는 없겠지만, 현실적인 범위를 크게 벗어나는 예산이나 일정을 바탕으로 계획을 수립한다면, 중간에 지치거나 완결하지 못한 채 중도에 포기하는 일들이 생길 수 있습니다. 그

부분은 투자를 고민하는 이들에게 가장 꺼려지는 리스크이기 때문입니다. 마지막으로, 스스로 짜임새 있는 계획을 지켜 나갈 수 있는 의지와 믿음이 필요합니다. 게임 기획이 아무리 좋아도, 계획이 매우 구체적이고 실현 가능성이 높아도, 그 일들을 실행할 사람에 대한 믿음이 서지 않는다면 투자로 이어지기는 어려울 테니까요. 좋은 팀 멤버들을 구성하고, 그들에게 리더십을 보이며 공통의 목표를 이끌어 가기 위해서도 일관된 의지와 믿음이 뒷받침되어야 합니다. 실행력에 대한 믿음은 결과를 보기 전까지 유일하게 확인할 수 있는 방법이니까요.

'내가 만들고 싶은 게임의 이야기가 오롯이 나로부터 나올 수 있어야, 그 매력이 유저에게 다가갈 수 있는 포인트가 된다'는 김호규 지사장의 말은 인디게임을 개발하는 사람이라면 반드시 각인해야 할 교훈처럼 들렸다. 세계적인 게임 전문 엑셀러레이터 GTR 김호규 지사장이 말하는 인디게임 개발사들의 투자 유치 전략은 첫째는 스토리의 명확성이며, 둘째는 게임의 계획성이고, 셋째가 게임완성에 대한 의지와 믿음으로 매우 명쾌하며 단순해 보일 수 있다. 그러나 인디게임을 개발하고 있는 개발자이거나 인디게임 창업을 준비하는 창업자라면 과연 내가 준비 중인 게임 창업 아이템이 이 세 가지 요소를 충족하고 있는지 점검해 볼 필요가 있다.

4

본인이 계획하는 게임과 BM(비즈니스 모델)을 테스트하라

모든 스타트업 대표의 공통된 특징은 자신의 창업 아이템에 대한 애착과 프라이드가 매우 강하다는 것이다. 게임 스타트업의 경우 특히도 자신이 개발한 게임은 마치 '산모가 산고의 고통을 겪고 낳은 자식'과도 같은 존재이다. 그렇기 때문에 게임 스타트업의 투자 상담이나 컨설팅을 진행할 때 절대 건드리지 말아야 할 영역 중에 하나가 바로 '개발한 게임의 정체성' 부분이다. 이는 마치 자식의 존재를 부인하는 부모의 심정과 같기 때문에, 컨설팅 진행 시에는 아이를 어떻게 더 훌륭히 키워 낼 수 있는지의 관점에서 접근해야 할 때가 많다.

이크럭스벤처파트너스 정무열 전무는 수많은 게임 스타트업 투자 컨설팅을 진행하면서 게임 스타트업의 가장 부족한 요소에 대해 다음과 같이 말한다.

> 초기 창업자들이 가지고 있는 부족 요소로는 시장에 대한 정보력, 경영능력, 자본 및 인프라, 사업모델(수익모델)을 포함한 기획능력 등이 있을 수 있겠으나 이는 대부분의 초기기업이 가지고 있는 부족한 요소라는 점에서 공통된 요소라고 생각합니다. 오히려 이러한 요소들보다는 게임 개발사로서의 개발과 사업을 어떻게 해야 하며 어떤 준비를 해야 할지에 대한 고민이 충분하지 않은 것이 더 문제가 될 수 있다고 생각합니다. 게임이라는 분야가 소규모 자본을 통한 1인 창업 또는 소수의 인력으로 창업이 가능한 분야라는 점에서 일정 수준의 전문성을 확보한다면 창업이 가능한 산업 중 하나이기는 하지만 다수의 개발사들이 시장에서 치열한 경쟁을 하는 만큼 창업 이후의 생존이 쉽지 않은 분야이기에 창업을 쉽게 생각하지는 말아야 합니다. 쉽게 창업을 생각하는 경우, 회사 운영과정에서 나오는 여러 가지 문제에 대한 해결, 관리능력의 부재로 인하여 쉽게 실패할 수 있습니다. 이런 점에서 창업단계에서의 충분한 사업계획의 검토와 준비가 있어야 창업 이후 시장에서의 생존이 가능하다고 생각합니다.

자식과도 같은 '자신의 소중한 게임'이 사회에서 그리고 시장에서 치열한 경쟁을 뚫고 살아남기 위해서는 때론 냉정하게 자식을 바라볼

줄 아는 부모의 심정이 필요하다. 그렇기 때문에 냉철한 가슴으로 자식을 바라보고 이끌어 갈 줄 알아야 한다. 정무열 전무는 대부분의 게임 창업자는 수익모델을 충분히 고려하지 않고 게임을 개발하기 때문에 게임 개발 시에 반드시 고려해야 할 비즈니스 요소가 필요하다고 이야기한다.

> 개발자가 게임 개발을 하면서 가장 우선적으로 생각해야 할 부분은 타겟시장에 대한 분석이라고 생각합니다. 타겟의 특성, 경쟁게임의 분석, 트렌드의 변화 등에 대한 검토가 우선되어야 합니다. 1인 개발자도 있기는 하지만 상업성 있는 게임의 개발을 위해서는 다수의 인력과 자본이라는 인프라 확보가 필요하다는 점에서 개발사의 인프라에 대한 파악과 인프라 확보를 위한 방안을 사전에 고려하고 준비해야 합니다. 게임은 흥행사업이라는 점에서 흥행사업의 상품으로서의 게임에 대한 객관적인 평가를 가져가야 합니다. 또한 수익모델을 포함한 확실한 사업모델을 만들어야 합니다. 개발하고 있는 게임의 타겟성향, 장르, 유사게임과의 비교 등을 통하여 가장 효과적인 사업모델의 확립이 우선되어야 합니다. 모바일 시장의 변화와 오픈마켓을 통한 자체적인 퍼블리싱 환경이 활성화됨에 따라 게임 시장이 레드오션화되고 있습니다. 이런 상황에서 게임의 생명력이 짧고 다수의 게임이 시장에 노출되고 있어 마케팅 전략이 그 어느 때보다 중요한 성공 요소로 나타나고 있습니다. 상업성 있는 게임의 개발과 함께 타겟시장을 대상한 마케팅 전략도 충분히 준비되어야 한다고 생각합니다.

정무열 전무의 말에 따르면 인디게임 창업의 경우 80% 이상이 개발자 출신인 경우가 많다고 한다. 그렇기 때문에 그분들과 투자상담을 하다 보면 자신이 개발한 게임의 캐릭터와 아이템, 그리고 퀄리티에 대한 이야기와 게임의 기술적 차이점에 대한 이야기로 대부분의 시간이 지나간다고 한다. 인디게임 대표가 벤처캐피털 전무를 만나는 것은 여간 어려운 일이 아니다. 그 소중한 시간에 "어떻게 해서 돈을 벌고, 어떻게 유통을 할 것인지"에 대한 본질적 이야기는 하지 않고 대부분을 자신의 게임 자랑만 하고 온다면 인디게임 창업자에게 두 번 다시 이러한 기회의 자리를 잡기란 쉽지 않다. 정무열 전무는 이러한 인디게임 창업자가 투자를 받기 위해서는 준비해야 할 몇 가지 팁이 필요하다고 한다.

투자자로부터 투자를 받기 위해서는 우선 어떠한 투자자를 만날 것인가에 대한 결정을 해야 합니다. 엑셀러레이터나 창업투자회사 등을 통한 투자유치를 위해서는 만나고자 하는 투자자의 성향이나 운용하는 펀드의 성격, 게임에 대한 투자경험 및 지식 등이 있는 투자자인지에 대한 사전 정보를 알고 진행하는 것이 필요합니다. 이러한 정보를 바탕으로 투자자와 접촉하였다면 투자를 받기 위한 제안준비를 해야 합니다. 투자제안으로는 투자자가 왜 자신이 개발하고 있는 게임 또는 회사에 투자를 해야 하는지에 대한 투자매력도와 타당성을 제시해야 합니다. 이는 투자자가 투자판단을 할 수 있는 구체적인 내용 즉 경쟁게임과의 경쟁력이나 차별성, 타겟시장에 대한 분석 및 대응전략, 회사가 보유하고 있는 게임개발역량, 구체적인 수익창출 모델, 개발 및 자금조달 계획과 투자자의 EXIT방안 등이 잘 설명되어야 하며 이를 투자제안서를 통하여 제시하여야 합니다. 이러한 제안은 보여 주기 위한 제안이 아니라 사업계획에 기반한 제안이어야 하며 개발사의 경영진이 진입하고자 하는 시장을 명확하게 이해하고 있으며 실현 가능한 전략을 제시하고 있음을 설명하는 것이 중요합니다. 또한 회사의 장단점을 객관적인 기준으로 설명하면서 단점에 대해서는 시간과 자본의 확보를 통해 해소할 수 있는 방안이 준비되어 있음을 설명해야 합니다. 무엇보다 가장 중요한 것은 경영진 또는 개발진의 역량과 의지입니다. 투자자들은 투자하고자 하는 회사의 경영진, 개발인력들이 계획하는 사업을 성공시킬 수 있는 역량과 의지를 가지고 있는지를 중요한 투자판단의 기준으로 삼고 있습니다. 따라서 투자자에게 신뢰할 수 있는 경영자, 개발자로서의 모습을 보여 주는 것이 필요합니다.

게임 창업자가 투자자를 만날 때는 개발자의 입장이 아닌 경영자의 입장에서 투자 피칭을 해야 한다. 내게 1시간의 투자상담 시간이 주어진다면 30%는 내 게임의 우수성을 어필하는 데, 그리고 나머지 30%는 어떻게 돈을 벌 것인지, 20%는 어떻게 게임을 퍼블리싱할 것인지에 대해, 그리고 나머지 20%는 게임의 완성까지의 인력관리 방안 등에 할애하는 것이 가장 효율적인 투자 상담이 될 것이다.

정부나 지자체에서 진행하는 투자 피칭이나 오디션의 경우는 10분 이내의 피칭이 대부분이기 때문에 보다 전략적인 시간 안배를 통해 자신이 개발한 게임을 알려야 한다. 10분 이내의 투자 피칭이나 오디션의 경우는 게임의 수익모델과 그에 대한 유저의 테스트 반응을 전달하는 것도 매우 효과적인 피칭이 될 수 있음을 기억해야 한다.

별지 3

국내 유일 게임 전문 엑셀러레이터
GTR을 만나다

> GTR은 글로벌 게임 전문 엑셀러레이터라고 들었습니다.
> 200개가 넘는 국내 엑셀러레이터 중에서 대한민국 유일한 게임 전문 엑셀러레이터라고
> 알고 있습니다. 왜 게임분야 스타트업 육성에 집중하고 싶은지 이유를 알고 싶습니다.

게임 전문 엑셀러레이터는 국내뿐 아니라, 글로벌에서도 사례를 찾기 어려운 사업영역입니다. 게임이라는 콘텐츠의 특성상, 단순한 자본투하를 통해 성공을 이끌어 내기 어렵습니다. 권역별 특성, 유저의 취향과 트렌드를 잘 읽고 그에 맞는 콘텐츠와 마케팅을 풀어내는 영역은 퍼블리셔 고유 영역입니다. 퍼블리셔가 주도하는 시장에서 중소개발사들은 퍼블리셔나 투자사의 높은 문턱에 막혀 시장에 선보이기도 전에 넘어지는 일들이 흔히 일어나고 있습니다.

하지만 그중에도 꾸준히 새로운 게임을 개발하고 출시하고 실패와 실패 사이에서 성장하며 좋은 기회를 결국 찾아내는 창업가들이 존재합니다. 그들의 끈기와 열정을 지원하는 일이, 게임산업의 생태계를 선순환시키는 가장 중요한 역할 중 하나라고 생각하고 있습니다. GTR은 열정 넘치는 창업가들의 꿈을 이룰 수 있게 지원하는 마중물로서의 역할을 하고 있습니다. 그들과 함께 일하며 얻는 보람은 경험해 보지 못한 이들은 결코 느낄 수 없는 값진 일이라고 생각합니다.

❦

GTR은 게임 스타트업을 선발하고 육성하고 계신데요?

선발 인원과 기준이 무엇인지 알고 싶습니다.

또한 GTR만의 게임 스타트업 육성을 위한 차별화 프로그램이 무엇인지 소개 부탁드립니다.

❦

GTR은 1년에 한 번, 글로벌 프로그램을 통해 20개 팀을 우선 선발하고 초대하여 2박 3일간의 컨퍼런스를 개최해 그중 10개 팀을 행사기간 동안 선발하게 됩니다. 2019년에는 300개 이상의 팀이 응모하였으며, 그중 50개 팀을 게임소개/팀 소개/영상자료 등의 심사를 통해 선발하여 게임 플레이 테스트를 진행하였습니다. 게임 플레이 테스트를 통해 20개 팀을 선발한 후 컨퍼런스에 초대하는 방식으로 진행합니다.

선발기준은, 우선 게임이 재미있어야 하고, 유사한 장르의 게임 중에서는 가장 잘 만든 게임만을 선발하여, 선발하는 20개 게임의 장르/플랫폼 다양성도 확보하기 위해 노력합니다. 1인 개발사보다는 2~5인 정도가 함께 협업하는 팀을 선호하며, 플레이해 볼 수 있는 게임빌드를 제출하지 못하는 팀은 심사범위에 포함되지 않습니다.

심사기간 동안, 게임을 충분히 플레이해 본 후, 며칠 정도의 여유를 두고, 그 게임이 다시 생각 나는지, 가장 기억에 남고 다시 해 보고 싶은 게임이 있는지를 찬찬히 검토하여, 게임 고유의 재미와 여운을 강하게 남긴 게임들을 위주로 선발하고 있습니다.

이후, 최종 선발된 10개 팀의 엑셀러레이션 프로그램 수행을 위해, 각 팀이 소재한 도시를 직접 방문하고, 팀마다 필요로 하는 부분들을 방문미팅을 통해 면밀히 논의하고 확인한 후, 팀별로 맞춤 엑셀러레이션 프로그램을 진행하게 됩니다. 회사로서의 구조를 정비하고, 후속투자가 가능한 형태로 멤버들의 이해관계와 지분구조들에 대한 컨설팅도 진행합니다. 게임이 어느 정도 준비된 팀들에게는 필요에 따라 퍼블리셔/투자자들을 소개하고, 팀에게 유리한 기회들을 팀과 함께 고민합니다. 스타트업 팀에게 더 유리한 기회들을 선택할 수 있도록 조율하는 역할도 함께 진행합니다. 엑셀러레이션 프로그램 6개월 후에 글로벌 워크샵을 통해 진척사항을 확인하고 같은 기수의 10개 팀과 선배기수 3~5개 팀이 함께 어울려 경험을 나누고 교류하는 자리를 가집니다. 이후로도 졸업이라는 개념이 아니라, 패밀리 스튜디오로서 지속적으로 사업기회를 발굴하고 성장할 수 있도록 도움을 주고 있으며, 올해로 총 40여 개 팀이 함께하고 있습니다.

GTR의 최종 목표는 인디게임 스타트업이 글로벌 시장에서 그들의 꿈을 실현할 수 있도록 인디게임사의 진정한 파트너가 되는 것입니다.

이크럭스벤처파트너스 정무열 전무가 말하는
게임의 초기투자와 메인투자 전략

게임 창업자가 엑셀러레이터를 통한 초기투자와 창업투자회사를 통한 메인투자를 받기 위한 준비사항이나 전략에 대해서 구체적으로 알려 주셨으면 합니다.

엑셀러레이터와 창업투자회사는 게임 창업자가 투자를 받을 수 있는 투자자라는 점에서의 공통점은 있으나 엑셀러레이터의 경우 창업 초기단계의 기업에 대한 직접투자(회사투자)가 주로 이루어지고 있으며 창업투자회사는 시장진입 역량을 어느 정도 갖춘 기업에 대해 직접투자 또는 프로젝트 투자를 한다는 점에서 다소 차이가 있을 뿐 투자의 기본적인 기준은 대동소이합니다. 기업에 대한 직접투자를 받기 위해서는 투자자의 목적이 회사의 주식을 인수하고 향후 회사의 기업가치가 높아진 주식을 매각해서 차익을 얻는 것이라는 점에서 게임 개발사가 개발하고 있는 게임을 통해 2nd, 3rd 펀딩이 가능한 기업으로 성장이 가능한지 향후 IPO나 M&A가 될 수 있는 개발사로서의 기업가치를 만들 수 있는지에 대한 제시가 필요합니다. 이를 위해 회사의 사업계획이 필요하며 개발 중인 게임에 대한 사업성과 더불어 영속기업으로서의 개발사의 가능성에 대한 제시를 할 수 있어야 합니다. 프로젝트 투자의 경우 창업투자회사를 통해 투자를 받는 것이 대부분이며 투자받고자 하는 대상이 기업이 아닌 프로젝트라는 점에서 프로젝트 중심의 투자제안이 필요합니다. 게임에 대한 개발 및 서비스계획, 경쟁력, 사업성, 수익성을 중심으로 한 사업계획을 제시하여야 합니다. 일반적으로

창업초기에는 엑셀러레이터로부터의 시드머니를 확보하고 이후 창업투자회사로
부터 완성 및 서비스를 위한 개발자금을 직접투자 또는 프로젝트 투자형식으로
조달하지만 창업자 또는 창업팀이 게임 개발 경험이 풍부하고 게임을 상용화시
킨 실적이 있는 경우 초기단계에서부터 창업투자회사를 통해 투자를 유치하는
경우도 많이 있습니다. 따라서 투자를 누구로부터 어떤 형태로 받을 것인지 결
정하고 이에 맞는 투자제안서를 준비하는 것이 중요합니다.

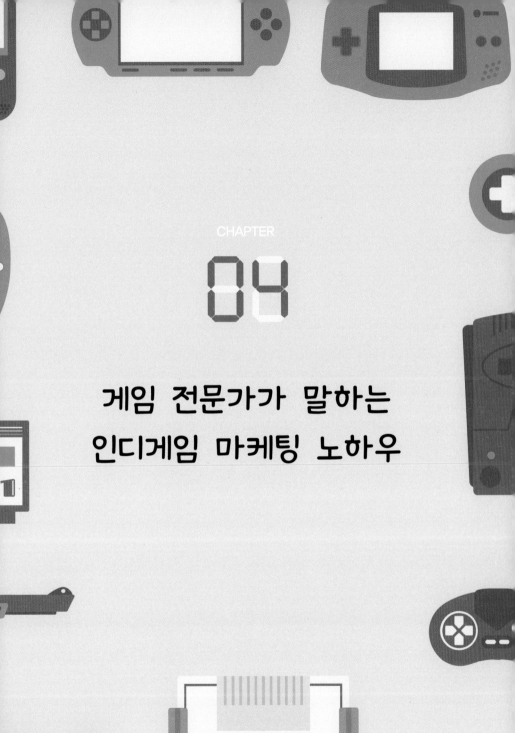

04

게임 전문가가 말하는
인디게임 마케팅 노하우

인디게임이 몰려온다

게임 전문가가 말하는
인디게임 마케팅 노하우

1
철저한 Data 분석(잔존율, 지불률 등)과 원가분석을 이용하라

'게임의 성패는 퍼블리싱 능력에 따라 달려 있다'는 말이 있을 정도로 아무리 우수한 게임이라도 퍼블리셔를 잘못 만나면 하루아침에 나락으로 떨어지는 게 게임업계의 현실이다. 대형 게임사라면 자체적으로 홍보와 마케팅을 할 능력 있는 전문부서나 팀이 존재하여 전문적인 퍼블리싱이 가능하겠지만, 대부분의 인디게임 개발사는 전문 퍼블리셔를 통한 게임 론칭을 하는 경우가 많다.

특히 글로벌 퍼블리싱의 경우 국제적 정세는 물론 현지 국가의 문화나 트렌드에 민감해야 하기 때문에 매우 전문성이 필요하다. 대한민국 많은 중소게임개발사는 2017년 '중국의 사드 보복'에 대한 중국 시장의 퍼블리싱 실패를 경험한 바 있다. 그전까지 중국시장은 스마일게이트의 '크로스파이어'가 중국 퍼블리싱을 통해 엄청난 성공을 거두었기 때문에 '중국 게임 시장'은 게임 창업자라면 누구나가 뛰어드는 '골드러쉬' 시장이었다. 그러나 2016년부터 막대한 퍼블리싱 자금을 중국시장에 퍼부은 중소 게임 개발사들은 '2017년 중국의 사드 보복'이 본격화되면서 중국에 론칭도 하지 못한 채 막대한 손실을 떠안고 파산하는 경우가 허다했다. 내가 아는 중소개발사의 경우는 100억 원 이상을 들여 만든 게임이 전문 퍼블리셔를 통해 중국 론칭을 기다리고 있었지만, 중국 퍼블리셔가 계약금을 배상하고서라도 '중국 론칭 불가'를 통보해 왔기 때문에 막대한 손해를 떠안을 수밖에 없었다. 이렇듯 게임 퍼블리싱은 쉬운 것 같으면서도 매우 전문적이고 게임의 성패를 좌우하는 영역이다.

최근에는 게임을 론칭할 수 있는 플랫폼이 앱스토어, 구글 스토어, 스팀 등 다양해지면서 게임 개발자라면 누구나 쉽게 론칭할 수 있게 되었다. 그러나 아직도 많은 개발자들은 '퍼블리싱은 매우 전문적이며, 많은 공과 정성을 들여야 할 영역'이라는 사실을 간과하는 경우가 많다. 특히 인디 개발자가 직접 퍼블리싱을 할 경우 더욱더 철저한 데이터 분석과 원가분석이 필요한 것이 퍼블리싱 영역이다. 게임 퍼블리싱은 개발사가 직접 퍼블리싱하는 경우와 전문 퍼블리셔를 통해 퍼블리싱하는 경우가 있는데 각각의 장단점이 있을 수 있다.

\<개발사가 직접 퍼블리싱하는 경우와 전문 퍼블리셔를 통한 퍼블리싱 비교>

개발사의 직접 퍼블리싱	전문 퍼블리셔를 통한 퍼블리싱
자신이 직접 개발한 게임 특성을 잘 알고 그에 맞는 유연한 퍼블리싱 전략 수립 가능	풍부한 경험과 높은 성공률
마케팅과 유통에 대한 전문성 부족과 그에 따른 론칭 리스크 부담	마케팅과 유통에 대한 전문성 있는 네트워크 형성
자체 퍼블리싱으로 인한 높은 수입 비중	개발사와의 계약에 따른 RS(수익배분)로 최적화된 자신만의 퍼블리싱 솔루션 제공
많은 시간 투자로 인한 론칭 시점이나 고객응대 지연 리스크	분야별 업무분장이 최적화되어 시간 투입 대비 효과성 있는 마케팅 전개
외부 이해 관계자가 적어 론칭과 수익에 대한 중압감이 적음	많은 QA 경험과 방대한 데이터로 BM 수정이 가능하고 게임의 집단지성 홍보가 가능

플랫폼이 다양해지면서 게임 퍼블리싱은 잔존율, 평균 인앱 지출액, 평균 게임 세션 시간, 고착도와 전환율 등 더욱더 데이터와 성과 지표가 중요해졌다. 그렇기 때문에 직접 퍼블리싱할 경우 이러한 데이터와 성과 지표를 파악할 수 있는 전문성이 필요하다.

최근 몇 달 전에 인디게임 퍼블리싱 전문 엑셀러레이터 및 컨설턴트로 일하고 있는 김상연 대표를 만나 최근의 게임 퍼블리싱 트렌드에 대해 이야기를 나눈 적이 있다. "대표님! 플랫폼의 다변화 시대 속에서 많은 인디게임 창업자들이 자신들이 직접 퍼블리싱을 하거나 마케팅을 진행하는 경우가 많아졌죠. 제가 생각하기에는 영세한 게임기업의 경우 퍼블리싱의 중요성을 종종 간과하는 경우가 있는데요. 대표님이 생각하시는 게임 퍼블리싱의 주요 핵심 요소와 전략은 무엇이라고 생각하는지요?"

저도 개발사를 경험하고 현재 퍼블리싱 사업을 하고 있는 입장에서 말씀드리자면 게임 퍼블리싱의 핵심은 바로 철저한 데이터 분석과 원가 분석이라고 생각합니다. 개발사를 운영할 때는 제대로 된 개발관리와 게임 서비스 안정화가 최우선이었다면, 퍼블리셔의 입장에서는 그러한 게임을 통하여 만들어진 데이터(ex: 잔존율, 지불률 등)를 바탕으로 어떠한 마케팅 툴을 사용하여 최적화된 유저들을 최소의 비용으로 모객하는가가 관건이더라고요… 특히나 국내와 달리 해외의 경우 한국과 다르게 비용이 매우 높아 영세 기업의 경우 최대한 구글이나 애플 피쳐드를 중심으로 모객 효율을 최대화하는 방식을 권해 드립니다.

아울러 퍼블리싱에 있어서 데이터 분석이 핵심입니다. 매일 수집되는 다양한 데이터들을 분석하고 이를 바탕으로 가장 최소의 비용으로 최대의 효율을 낼 수 있도록 마케팅비용을 집행해야 합니다. 이러한 데이터 분석을 통해 게임을 개선해 나가는 것은 국내 및 해외 시장 모두에 있어서 가장 중요한 요소입니다.

게임사업의 성공과 실패를 모두 경험한 분이라서 인디게임 창업자에게 보다 솔직하고 담백한 코칭과 퍼블리싱 컨설팅이 가능하다는 생각이 들었다. 최근에 김상연 대표는 그가 15년 넘게 게임업계에 몸담은 네트워크와 인맥을 통하여 게임 퍼블리싱 사업을 시작했다고 했다.

저는 최근에 해외 게임 및 국내 게임을 퍼블리싱하는 사업을 시작했어요. 제가 가지고 있는 국내외 인적 네트워크를 활용하여 한국은 물론 중국, 대만 등 이미 해외에서 안정적으로 운영되고 있는 게임을 국내에서 퍼블리싱하여 매출을 확보하고, 국내 유망한 게임 리소스 및 I.P들을 확보하여 해외와 합작 개발 후 그 서비스 권한 및 로열티 수익을 확보하는 사업이죠.

과거에는 주력 1제품 1개에 All-In 하여 모든 개발역량과 투자를 했다면, 금번 큐브플레이는 게임 퍼블리싱 사업과 함께 가능성 있는 게임들을 Recycling &Tune-Up 하여 안정적으로 회사의 가치를 높이고자 합니다.

김상연 대표는 수많은 실패를 통해서 게임 퍼블리싱에 있어 배운 소중한 자산이 있다고 한다. 그리고 인디게임 창업자들에게 본서를 통해 당부하고 싶은 말이 있다고 전했다.

국내의 경우 최근에는 마케팅 툴이 상당히 정형화되어 있습니다. 이 부분에 있어서 최근의 경우는 초반 게임 론칭 전 사전 예약에 집중하면서 이후에 구글 UAC 등을 통해 다양한 소재를 개발하여 유저를 모객하는 것이 최근의 트렌드입니다. 아울러 원스토어와 같이 플랫폼 수수료가 낮은 플랫폼을 잘 활용하는 것도 개발사의 수익 측면에서는 큰 도움이 될 듯합니다. 반대로 해외의 경우 위에서 말씀드린 바와 같이 비용을 쓰는 마케팅보다는 최대한 구글이나 애플 피쳐드를 중심으로 모객 효율을 최대화하는 방식을 권해 드립니다.

예전에는 냉장고, TV 광고 등에서나 볼 수 있었던 특급 스타들이 이제는 대형 게임 광고에 등장한다. 수십억의 모델료를 지급해서라도 성공적인 게임 론칭을 하고 싶은 게임 개발사의 니즈가 반영된 것이라고 생각한다. 그러나 꼭 수십억 원의 광고비를 지급한다고 게임 퍼블리싱이 성공하는 것이 아니라는 사실을 명심해야 한다.

오히려 게임의 완성도를 높이고, 철저한 데이터와 그를 기반으로 한 게임 유저들과의 소통을 통한 마케팅이 훨씬 효과적일 수도 있다. 수십억 원의 광고 집행이 덜 효과적이라는 말이 아니다. 그만한 자본과 능력이 있다면 그편을 택하는 것이 나을 수도 있다. 그러나 훨씬 더 적은 자본으로 더 많은 효과를 볼 수 있는 퍼블리싱 수단이 있다면 어떤 선택을 할지 고민해야 한다. 예를 들어 내 주변에 100만 구독자를 가진 게임 유튜버가 있다면… 당신은 어떤 선택을 할 것인가?

2

유저들의 소셜파워를 적극 활용하라

매일매일 수많은 게임 개발사가 창업되고 사라지며 게임 시장은 크나큰 변혁의 시기를 겪고 있다. 창업이라는 것은 그만큼 시간적, 비용적 리스크를 감안해야 하는 것이기에 보다 신중하게 접근을 해야 하며 하루에도 몇 번씩 변동이 있는 게임 시장에서의 창업은 더욱더 그렇다.

게임 개발 시 가장 고려해야 할 비즈니스 요소는 빠른 의사선택이라 할 수 있다. 게임 창업자는 개발방향 및 게임의 핵심 재미를 빠르게 선택 및 집중할 수 있어야 한다. 게임만 재미있으면 모든 게 해결될 것 같지만, 사실 유저 피드백과 그에 따른 선택과 집중이 게임을 재미있게 만들 수 있는 가장 확실한 방법이다. 개발자가 신이 아니기 때문에 어떤 게임이 잘 될지 어떤 콘텐츠가 유저를 끌어들이고 붙잡아 둘지 정확하게 알 수 없다. 하지만 다양한 피드백에 기반한 빠른 의사선택은 그 확률을 높일 수 있다. 그러한 피드백은 매우 빠른 주기로 변화하기 때문에 이를 최대한 신속하게 반영해야 하고 개발 및 서비스 모델에 적용해야 한다. 또한 버려야 하는 요소는 과감하고 빠르게 버려야 한다. 모바일 생태계로 이전되면서 사용자들은 이전과 다르게 수많은 정보를 게임에서 습득하는 것을 싫어하는 경향으로 바뀌고 있다. 이 점을 감안하여 자신이 개발하고 있는 게임의 핵심적인 재미 요소가 접근성이나 주 콘텐츠를 소비하는 데 방해가 된다면 많은 개발이 진행되었다 하더라도 과감하게 버리는 결단력이 있어야 한다.

이러한 빠른 의사선택을 결정할 수 있는 가장 객관적이고 효율적인 방법 중의 하나가 '게임 유저들의 소셜파워를 적극 활용하는 방법'이다. 유저들은 게임의 기획부터 개발단계까지 가장 적극적이고 매우 디테일한 부분까지 적극적인 피드백을 하는 집단이다. 그렇기 때문에 오래전부터 게임 개발자는 게임 유저들을 위한 커뮤니티를 개설하고, 기획단계에서 개발까지 적극적인 쌍방향 커뮤니케이션을 통해 게임의 완성도를 높이고 있다.

게임 출시 전에는 게임 유저들을 베타테스터로 모집하여 게임의 버그를 파악하고 해결하기도 한다. 이렇듯 게임 유저들은 게임의 메인 고객이기도 하면서 출시하고자 하는 게임의 절대적인 컨설턴트이기도 한 것이다. 또한 이러한 유저들은 출시되는 게임의 성패를 좌우하는 최대의 소셜 퍼블리셔 역할을 하기도 하는 것이다.

경기콘텐츠진흥원 게임산업팀에서 게임 퍼블리셔로 일하고 있는 이상혁 매니저는 게임 퍼블리싱에 있어 가장 중요한 요소로 '게임 유저들의 소셜파워'를 꼽았다.

영세한 게임기업의 경우 개발만 진행하기에도 인원수급과 기타 여건이 충분하지 않은 상태가 많기 때문에 퍼블리싱의 중요성을 챙기지 못하는 경우가 많습니다. 게임 퍼블리싱의 주요 핵심 요소는 크게 1) 적정한 BM모델 수익화를 통해 게임 개발 및 서비스의 지속성을 만들어 내는 것, 2) 게임을 즐겨줄 수 있는 유저들을 모객하는 것, 3) 그 유저들의 만족도를 높여 자연유입 및 지속적으로 플레이할 수 있게 잔존율을 상승시키는 것 등의 서비스 요소들을 들 수 있습니다. 이러한 부분들은 유기적으로 묶여서 게임에 영향을 주기 때문에 뭐 하나 간과할 수 없는 요소입니다. 적절한 BM 요소는 게임에 대한 충성도와 만족도를 높여 주는 작용을 하고 이는 곧 유저 잔존율을 높여주게 되며 다시 또 게임에 대해 과금을 하게 해 주는 상호작용을 합니다. 그에 따라 지속적으로 우리가 개발한 게임에 재미를 느끼고 제대로 즐겨 줄 수 있는 유저들을 모객하는 활동이 필요한 것이지요.

사실 국내와 해외 퍼블리싱을 개별로 나눠 국내는 이러한 점이 해외는 이러한 점이 중요하다고 말씀드리기는 어렵습니다. 다만, 각 지역별로 트렌드는 존재하고 유저의 성향도 그에 따라 변화하는 것이 많기 때문에 어느지역에서는 잘되는 게임이 어느 지역에서는 고전을 면치 못하는 사례가 발생하는 것입니다. 그렇기에 각 지역별로 어떠한 이미지를 통해 어떠한 요소를 부각하여 모객을 할 것인지를 고민하여야 하고, 각 지역별 경제활동지수가 달라 아이템 판매라든지 콘텐츠의 과금에 대한 적절한 조정도 필요합니다. 이는 민감한 부분이라 뭐라 단언하기는 힘듭니다만, 과금력이 약한 시장은 분명히 존재하고 그러한 곳은 광고수익을 통해 이를 해소하기도 합니다. 하여 각 국가별 세세한 전략을 수립할 수는 없다 하더라도 지역들을 비슷한 그룹을 묶어 제대로 판매해야 합니다. 콘텐츠를 선정하고 그에 따른 게임 내 기회제공 및 노출 등을 통해 적절한 BM 유도를 만들어 내는 컨트롤이 중요합니다.

가장 중요한 유저들을 모객하는 방법인데요. 사실 영세한 인디 개발사 및 스타트업들은 유저들을 모객하는 비용을 많이 사용할 수 없습니다. 그렇기 때문에 게임을 다운로드하여 플레이해 주는 유저 한 명 한 명을 소중히 해야 합니다. 유저들의 게임플레이 경험도에 큰 만족감을 선사하여 유저들의 소셜파워를 적극 활용하거나, 큰 이슈가 될 수 있는 요소들을 부각하여 자연유입을 최대한 유도하는 것이 중요합니다. 그 외에 각 국가별 지표를 수시로 분석하여 핵심적으로 모객활동을 진행할 시장을 선정해야 합니다. 우선순위를 나눠 집중공략하여 모객한 후 다른 시장으로의 모객확대를 이어가는 전략 등이 중요한 방안이라고 할 수 있겠습니다.

리니지나 배틀그라운드처럼 대작의 게임들은 이미 두터운 팬층을 확보하고 있기 때문에 유저들의 소셜파워를 이용하기가 훨씬 용이한 것이 사실이다. 인디게임 개발사의 입장에서는 유저 한 명 한 명을 모으는 것이 돈이고 시간이다. 전문 퍼블리셔를 이용하는 인디 개발사라면 유저들을 활용할 수 있는 다양한 마케팅 수단이 존재하겠지만, '나홀로 퍼블리셔'라면 유저들을 모으고 활용할 수 있는 SNS 소통과 활용방안에 대한 자신만의 차별화 전략이 있어야 한다.

최근에 창업하는 인디게임 개발자들은 대작 게임 커뮤니티를 적극 활용하거나 또는 자신이 직접 게임 크리에이터로 활동하면서 유저들과의 소통에 적극적이다. 코로나19 시대에 있어 게임의 1인 미디어 시청시간이 실제 게임 플레이 이용 시간보다 높다는 통계만 보더라도 유저들의 소셜파워가 게임 매출에 있어 매우 중요한 위치를 차지하고 있음을 알 수 있다.

이러한 게임 유저들의 소셜파워는 2020년 코로나19 팬데믹 선언 이후 1인 미디어 방송을 통해 더욱 활발해졌다. 실제 게임 플레이보다 게임에 대한 소개나 다른 사람이 게임하는 것을 보여 주는 게임 방송 시청이 급격하게 늘어나고 있다. 워싱턴포스트가 시정조사기관 센서타워와 공동으로 조사한 결과에 따르면 2020년 3월 2주차에 트위치Twitch[29]

---

[29] 트위치(Twitch)는 게임에 특화된 동영상 방송 플랫폼 서비스로 게이머들이 자신의 게임 영상을 생중계하고, 유저들이 게임 영상을 보고 채팅으로 대화에 참여하는 등 커뮤니티를 형성한다(네이버 지식백과 참조).

앱의 다운로드 수는 전주에 비해 그리스는 50%, 이탈리아가 40%, 미국이 14% 증가한 것으로 나타났다. 앱 다운로드 증가에 따라 게임 동영상 조회수도 늘어났는데, 2020년 4월에는 3월보다 50%가 늘어 총 시청시간이 14억 9천만 시간을 기록하였다.[30]

트위치의 글로벌 확대와 게임 크리에이터의 증가에 따라 게임 퍼블리싱에 있어 유저들에게 영향을 줄 수 있는 인플루언서나 1인 크리에이터는 전략적 영입대상 1순위가 되었다. 앞으로 게임 동영상 시청은 더욱 확대될 전망이며, 게임 퍼블리싱에 있어 이러한 유저들의 소셜파워를 활용하는 마케팅 수단은 향후 5년간은 0순위로 적용될 전망이다.

인디게임 개발사들에게 '유저들의 소셜파워'는 인지도 있는 스타급 광고모델과는 비교할 수 없을 만큼 소중한 자산이다. 특히 시리즈 게임을 준비하는 인디게임 개발사라면 당신의 소셜 유저들은 시리즈 I 부터 시리즈 V 까지 당신의 게임을 기획하고 평가하고 홍보하는 당신의 유일한 동반자가 될 것임을 잊지 말아야 한다.

3

나의 게임을 위해 다양한 파트너를 발굴하고 활용하라

인디게임 개발사는 자신이 그토록 원하던 게임 개발이 완료되면, 어떻게 출시를 하고, 어떠한 방법으로 자신의 게임을 알릴지 고민하게 된다. 그래서 가장 많은 홍보수단으로 전문 퍼블리셔를 만나게 되고, 대부분을 전문 퍼블리셔를 통해 게임 출시를 한다. 그러나 전문 퍼블리셔를 통한 게임 론칭이라고 하더라도 자신이 자신의 출시하고자 하는 게임

---

30 한국콘텐츠진흥원, "포스트 코로나 시대 글로벌 게임산업 과제와 전망", 글로벌 게임산업 트렌드, 2020, p. 9.

시장의 전략적 파트너가 누구이며, 누구를 통해 홍보를 하고, 어떠한 네트워크가 내 게임이 가장 이로운 수단이 될 수 있는가는 게임 창업자 자신이 알고 있어야 한다.

특히 해외시장 출시를 염두에 둔 게임이라면 그 나라 문화에 대한 이해는 물론 자신이 출시하고자 하는 나라의 전략적 홍보 파트너와 마케팅 파트너가 누가 되느냐는 매우 중요하다.

GTR 김호규 지사장은 퍼블리셔의 역할이 세분화·구체화되면서 변화하고 있는 인디게임 시장의 마케팅 역할에 대해서 다음과 같이 말하고 있다.

전통적인 퍼블리셔의 역할이 세분화·구체화되면서 많은 변화가 일어나고 있습니다.

게임의 유통은 마켓이 그 역할을 대체하고 있으며, 마케팅은 글로벌 마케팅 전문회사들이 퍼블리셔의 역할을 대신하고 있습니다. 로컬라이징 및 운영만을 전문으로 하는 외주/대행사들이 글로벌 커버리지를 제공하거나, 일부 권역에 특화된 서비스를 제공하기도 합니다. 서버 인프라는 다양한 클라우드 플랫폼 회사들이 그 역할을 대체하고 있습니다. 전통적인 퍼블리셔의 가장 중요한 역할 중 하나인 비즈니스모델에 대한 튜닝과 매출향상에 대한 데이터분석만을 전문으로 제공하며, 매출의 일부를 나누어 가지는 컨설팅회사들도 생겨나고 있습니다. 게임의 개발에 필요한 자금은 투자사들이 고유의 영역을 가지고 진행하기도 합니다.

게임을 잘 만드는 것 만큼이나, 잘 운영하고 마케팅하는 부분이 가장 중요한 핵심역량인데, 이 모든 것을 서비스로 제공받을 수 있으니, 셀프퍼블리싱이 작은 회사들에게도 불가능한 영역은 아닌 세상이 왔다고 보아도 될 것 같습니다.

하지만, 셀프퍼블리싱은 팀이 가진 시야와 역량의 범위만큼 성과를 나타내게 됩니다. 해외로 시야를 넓혀 이런 다양한 파트너들을 발굴하고 활용할 수 있는 네트워크와 역량과 자금을 마련할 수 있는 팀들은 더 크게 비즈니스를 확장할 수 있겠지만, 글로벌 협업이 불가능한 팀들도 다수 존재합니다. 작은 팀으로써 가질 수 있는 본질적인 가치에 집중하고 이외의 영역에 대해서는 열린 마음으로 협업할 수 있다면 큰 퍼블리셔를 통해 모든걸 맡길 수도, 대부분의 영역을 직접 커버하거나 파트너의 도움을 선택적으로 활용할 수도 있을 것입니다. 권역별 시장 환경을 잘 이해하고 좋은 파트너들을 만나고 배우기 위해 부지런히 공부하고 노력해야 합니다. 주변의 잘하는 사례들을 귀기울여 연구하는 방법이 정답이 아닐까 싶네요.

개발된 게임을 알리는 가장 효과적인 마케팅 수단으로 GTR 김호규 지사장은 전략적 파트너의 발굴과 협업이라고 하였다. 특히 글로벌 로컬라이징의 경우 그 나라의 시장환경을 잘 아는 마케팅 파트너와의 협업이 가장 중요하다 할 수 있다.

이러한 측면에 있어 내가 인터뷰한 키위웍스 장수영 대표는 전략적 홍보 파트너를 찾아서 그 매체와 플랫폼에 맞는 '철저한 홍보자료 준비'가 선행되어야 함을 강조했다.

개발된 게임을 알리기 위해서는 정말 많은 요소들이 있겠지만 일단 저는 소규모 개발사가 준비할 수 있는 부분들 중에서 '홍보자료 준비'를 말해보고 싶습니다. 홍보자료 준비는 굉장히 단순하고 당연한 이야기처럼 들릴 수도 있겠지만 이를 간과하는 분들이 굉장히 많습니다. 특히 해외출시의 경우 플랫폼이나 언어적 특성에 따른 홍보 파트너 발굴과 홍보 전략을 준비해야 합니다.

예를 들면, 애플의 앱스토어에 제출하기 위한 영상 제작입니다. 여기에는 언어별로 3가지 해상도로 스크린샷과 영상을 준비해야 합니다. 언어별 이슈도 있습니다. 서비스 언어가 5가지라면 영상을 15개 제작해야 합니다. 게임에 언어의 영향이 많다면 모든 장면을 언어별로 녹화하며 영상들이 재배치하며 인코딩을 해야 합니다. 플랫폼이 추가되면 이에 맞게 새로운 해상도로 영상을 또 제작해야 합니다. 구글 플레이스토어의 경우 앱스토어와 달리 영상 길이 제한이 없기 때문에 최대한 게임을 잘 보여줄 수 있는 내용으로 영상을 다시 구상해야 합니다. 이는 굉장히 귀찮은 작업이라 대부분 영문 판 영상 하나 또는 언어 없이 짤막한 영상으로 스토어에 올리는 영상을 대체하기도 합니다.

하지만 대부분의 유저들은 게임을 다운받기 전 홍보자료를 유심히 살펴봅니다. 오랜 시간에 걸쳐 인생을 걸고 만든 게임을 위해서라면, 귀찮더라도 홍보자료를 위해 며칠 밤새는 수고는 해야 한다고 생각합니다.

저는 당연한 하나의 요소를 언급했지만 생각할 수 있는 모든 요소에서 기본이 갖춰질 때 비로소 홍보효과가 날 것이라고 생각합니다. 이는 국내/해외 모두 마찬가지이며 해외의 경우 위에서 잠시 언급했던 '언어별 이슈에 따른 대응'이 가장 큰 요소라고 생각합니다.

키위웍스 장수영 대표는 "인생을 걸고 만든 게임이라면 홍보자료를 위해 며칠 밤을 새는 수고를 아끼지 말아야 한다"라고 말할 정도로 론칭을 위한 홍보자료 제작이 얼마나 중요한지 강조한다. 이러한 노력은 우리가 잘 아는 스티브 잡스가 아이폰과 아이패드 출시를 앞두고 30분 프리젠테이션을 위해 몇 달 밤을 새는 것과 같은 것에 비유할 수 있다.

게임 출시 이후 홍보와 마케팅을 지원하는 무수한 플랫폼이 게임 시장에 쏟아져 나오다 보니 나에게 가장 적합한 전략적 파트너를 발굴하거나 협업하는 일이 쉬운 일은 아니다. 경기콘텐츠진흥원 게임산업팀 김창주 팀장은 그렇기 때문에 여러 사례를 비교해 보고 직간접 경험을 직접 해보는 것을 추천하고 있다.

요즘은 게임 출시 이후 홍보와 마케팅을 지원하는 무수한 플랫폼들이 존재합니다. 워낙 경쟁적으로 영업을 하고 있어서, 잘만 고르면 저비용으로 고효율을 노리는 것도 가능합니다. 비록 대형 게임사들처럼 규모 있는 마케팅 실행은 어렵더라도, 각종 SNS와 게임 내 이벤트를 활용한 마케팅을 어렵지

앞게 진행할 수 있습니다. 이처럼 게임 개발, 출시, 직접 마케팅이 용이하다 보니, 소규모 기업들도 직접 퍼블리싱을 계획하고 실행하는 경우도 적지 않습니다. 이 경우 전문 퍼블리셔를 통해서 서비스될 때의 수익 배분, 간혹 발생하는 게임 개발과 업데이트 갈등, 마케팅 지원 부족과 원치 않는 서비스 중단 등의 상황이 개선되는 효과가 있습니다. 하지만 좋은 퍼블리셔를 만나는 경우 서비스와 운영의 안정성이 보장되고, 게임 개발과 업데이트에 도움을 받을 수 있습니다. 유저 커뮤니티와 각종 마케팅 툴을 통한 홍보가 지원되고, 해외 진출의 기회도 얻을 수도 있습니다. 간혹 사전 계약금이나 추가적인 투자가 발생하기도 합니다.

국내 퍼블리싱에서 중요한 것은 홍보와 마케팅으로 생각하고, 해외 퍼블리싱의 경우, 로컬라이제이션, 안정적인 서버 운영, 그리고 현지에 적합한 결제시스템 탑재, 플랫폼에 부합되는 SDK 변환 등이 핵심으로 보입니다. 직접 퍼블리싱이나 퍼블리셔를 통한 서비스 모두 일장일단이 있습니다. 기회만 된다면 모두 경험해 보고, 자신에게 가장 적합한 것을 선택하는 것이 필요해 보입니다.

게임 퍼블리셔, 게임 제작자, 게임산업 지원자 3인의 전문가 인터뷰를 통해 보았듯이, 인생을 걸로 만든 게임을 출시하는 과정에서 내가 누구를 나의 전략적 마케팅 파트너를 삼느냐는 인디게임 창업자에게는 '내 인생의 배우자를 만나는 과정'만큼 중요하다. 지금 이 순간에도 수많은 인디게임들이 구글, 애플, 스팀Steam 플랫폼에서 출시되고 사라지는 과정을 반복하고 있다. 이러한 급변하는 게임 시장의 지각변동에 있어, 인디게임 개발자는 나의 인생작을 성공시킬 전략적 파트너를 만나기 위해 끊임없이 노력하고 준비해야 한다.

4

매력적인 트레일러로 유저의 눈길을 끌어라

"Remember the first day that we saw each other. When the sunshine flooded my heart"는 싱어송라이터 문빛이 잔잔한 피아노와 기타 선율의 조화를 이루어 부른 "Remember기억나니"의 첫 가사이다. 이 곡은 인디게임 마이 오이시스의 OST로 유명하다. 문빛의 노래와 함께 3분 내외로 시작되는 버프스튜디오의 마이 오아시스 게임 영상은 리니즈 M이나 배틀그라운드처럼 화려한 CG가 입혀진 트레일러 영상은 아니다. 화려한 CG 대신 소박하고 잔잔한, 마음에 평안을 주는 음악이 들어간 그저 평범한 게임 영상이다. 그러나 〈마이 오아시스〉 영상을 본 유저는 이 영상을 보고 듣고 감상하면서 게임의 매력에 푹 빠지게 된다.

〈마이 오아시스〉 트레일러는 여타의 대작 게임 트레일러와 다른 느낌을 주는 평범한 트레일러이다. 버프스튜디오의 〈마이 오아시스〉 영상을 보다 보면 하늘섬 오아이스의 봄, 여름, 가을, 겨울을 만날 수 있고, 또 들을 수 있다. 버프스튜디오의 트레일러는 30초 영상부터 8분이 넘어가는 영상까지 다양한 버전으로 유저들이 만날 수 있다. 잔잔한 피아노 선율로 만나는 30초 영상 속에서는 하늘섬 오아시스가 마치 에덴동산처럼 느껴진다. 그리고 문빛이 부르는 〈마이 오아시스〉 주제가와 함께 펼쳐지는 영상은 문빛의 음률과 가사만으로도 힐링이 된다. 유저는 저절로 게임 속으로 빠져든다.

인디게임 개발사는 대형 개발사와 달리 자본이나 인력이 부족하기 때문에 화려함과 기술력으로 게임 트레일러 승부를 기대하기 어렵다. 결국은 버프스튜디오 〈마이 오아시스〉와 같은 기획력이나 독창적인 아이디어를 가진 트레일러가 유저의 마음을 움직일 수 있는 것이다.

실제로 버프스튜디오 김도형 대표는 〈마이 오아이스〉의 성공비결을 '아름다운 그래픽', '감성적인 음악', '위로의 글'이라고 말했다. 그리고 이 3가지 요소를 특징으로 한 〈마이 오아시스〉 트레일러는 유저들의 감성을 사로잡는다. 그리고 구글, 애플 양대 마켓에서 유료게임 1위를 달성하고, 다운로드 횟수 1,300만회를 기록하는 명작에 오른다.

수많은 인디게임들이 하루에도 수없이 쏟아져 나오고 있지만 대부분 수익률이 바닥상태에 있으며, 그런 치열함 속에서도 오늘도 많은 인디게임들이 스팀Steam이나 구글플레이에 출시하고 있다. 그리고 그 많은 인디게임들은 출시 후 첫 번째로 "나의 게임이 유저에게 어떻게 다가가느냐"의 고민에 직면하게 된다. 인디게임이 유저의 시간과 관심을 끌기 위해서는 현명하고 혁신적인 의사소통 방법이 필요하다. 인디게임의 효과적인 마케팅을 위해서는 많은 시간과 에너지가 필요하다. 내가 우수한 게임을 개발했고 이 게임은 매우 성공 가능성이 높다고 가정해 보자. 또한 자신만의 출시방법을 갖고 있다고 하자. 설령 그렇다고 할지라도 효과적인 마케팅을 위해서는 마케팅 계획을 세우고 많은 유저들과 커뮤니케이션할 방법을 찾아야만 한다. 인디게임 마케팅 컨설턴트로 일하고 있는 Emmy Jonassen은 저예산으로 효과적인 인디게임 마케팅을 전개할 수 있는 방안으로 유저를 흡입할 수 있는 강력한 트레일러를 만들 것을 주문한다.[31]

사람들의 시선을 끌 수 있는 매우 강력한 트레일러를 만들어야 합니다. 게임 트레일러는 사람들의 관심을 불러일으키는 최고의 자산입니다. 트레일러는 아름다운 이미지, 빠르게 움직이는 애니메이션, 매력적인 음악 및 강력한 클릭 유도 문안을 결합할 수 있는 유일한 유형의 콘텐츠입니다. 1~2분 안에 유저와 공유하려는 모든 정보를 전달한다는 점에서 트레일러는 더욱

[31] 위 내용은 Nathan Lovato, "Why Marketing Your Game is Essential"와 Emmy Jonassen의 "Konsoll 2013: Marketing Indie Games on a $0 Budge(https://youtu.be/SkEQtMP2CuA)" 의 내용 참조.

강력한 도구입니다.

훌륭한 트레일러에는 몇 가지 규칙이 필요합니다.

1. 가능한 한 짧게 만드십시오.
   트레일러 길이는 2분 미만이어야 합니다. 이상적인 길이는 약 60~90
   초입니다. 이 시간은 게임 플레이를 보여 주고 사람들을 끌어들이기에
   충분한 시간입니다.
2. 사용자의 관심을 3초와 5초 사이에 끌어야 합니다. 사용자의 관심을
   끌 아주 강력한 인트로가 필요합니다.
3. 강력한 음악 및 음향 효과를 피력하십시오. 음악은 특정 느낌이나 감
   정을 전달하는 가장 좋은 동맹 관계임을 확신하십시오.
4. 게임의 특정 영상을 사용하십시오. 유저가 당신이 만든 게임을 보고
   게임이 어떻게 진행되고 무엇을 하게 되는지 알고 싶어지도록 게임이
   진행되는 아주 특별한 영상을 사용하십시오.
5. 전문가의 리뷰와 인용문을 사용하십시오.
   전문가의 말은 당신의 일에 신뢰성과 권위를 더할 것입니다. 언론인이
   나 유명 개발자가 게임에 대해 좋은 의견을 제시하면 트레일러가 더욱
   풍성해질 수 있습니다.32

흥행에 성공하는 영화는 영화 예고편에 상당한 노력과 정성을 기울
인다. 특히 초반 관객 유도를 위해서는 1~2분의 영상만으로 영화에 대
한 궁금증과 흥미를 유발할 수 있도록 사람들의 눈길을 사로잡아야 한
다. 게임의 트레일러는 영화 예고편과 같은 작용을 한다. 게임 초기 론

---

32 Nathan Lovato, "Why Marketing Your Game is Essential"와 Emmy Jonassen의 "Konsoll 2013: Marketing Indie Games on a $0 Budge(https://youtu.be/SkEQtMP2CuA)"의 내용 참조.

칭 후 게임에 대한 가장 강력한 홍보 수단은 30초~2분으로 승부하는 게임 트레일러이다. 유저의 눈길을 끄는 게임 트레일러는 금세 입소문을 타게 되고, 페이스북, 블로그, 유튜브 등의 SNS에 빠르게 퍼지게 된다.

사람에게 첫인상이 중요하듯, 게임에서 역시 첫인상이 중요하다. 게임의 첫인상으로 제일 먼저 유저가 접할 수 있는 것이 트레일러이다. 각 개발사마다 다르기는 하겠지만, 개발완료 전에 프로토타입 영상을 제작해서 유저들의 피드백을 받으며 개발의 완성도를 높이는 개발사도 있다. 대표적인 인디게임 개발사가 앞에서 설명한 버프스튜디오의 〈마이 오아시스〉이다. 김도형 대표는 〈마이 오아이스〉 프로토타입 영상을 소셜미디어에 올리고 유저들의 반응을 살폈다고 한다. "새롭다", "룩앤필이 엄청 좋네요", "게임으로 힐링을 하는 것 같아요"라는 긍정적 피드백이 많았기 때문에 개발에 박차를 가했고, 완성도를 높였다고 한다.

대형 개발사들이야 대규모 자본으로 별도의 트레일러를 웅장하고 화려하게 제작하겠지만, 소규모 인디 개발사는 그러한 자본이나 인력이 없기 때문에 대부분 게임의 진행과정을 담은 트레일러를 선보이는 경우가 많다. 그러므로 인디게임 개발사는 유튜브의 조회수가 많은 게임 트레일러가 어떠한 특징을 갖고 있는지 분석하여 적용할 필요가 있다.

Emmy Jonassen이 언급하였듯이 우수한 트레일러는 짧고 강력한 인트로, 파워풀하며 사람의 감성에 호소할 수 있는 음악, 내 게임의 가장 아름다운 샷 등이 담겨져야 한다.

게임 트레일러는 게임의 호기심을 유발하거나 관심을 모아 게임을 직접 플레이하게 만드는 홍보 영상물로서 흐름을 한눈에 알아볼 수 있도록 편집 및 CG 작업을 하며 짧은 시간에 게임 전체를 보여 주는 만큼 고도의 편집기술이 필요하다.[33] 게임 트레일러는 게임에 대한 기대감을

33 정동민, "온라인게임 트레일러에 적용된 모션그래픽 표현 연구", 단국대학교 대학원 시각디자인학과, 석사논문, 2010, p. 1.

높이는 촉매제 역할을 한다. 게임 트레일러는 단순히 게임 출시를 알리는 용도가 아니라 본격적인 흥행을 위한 광고와 마케팅의 시발점이 된다. 이에 따라 실사에 가까운 그래픽을 활용해 한편의 영화를 보는 듯한 웅장한 스케일의 '블록버스터형'과 유저들의 호기심을 자극해 자연스러운 참여를 유도하는 '체감형'으로 게임 트레일러를 구분할 수 있다.34 전자를 주도하는 것이 대형 게임 개발사라면, 후자의 '체감형' 트레일러를 만드는 것이 대부분의 소규모 인디게임 개발사에 해당한다. 그렇다고 꼭 양분화되어 트레일러가 만들어지는 것은 아니다. 대규모 개발사도 체감형을 만들 수 있고, 소규모 인디게임 개발사도 사정에 따라 블록버스터형을 만들 수 있다. 이는 게임의 장르와 성격에 따라 달라질 수 있다.

게임 트레일러의 구성 요소는 일반적으로 게임 제작사를 소개하는 프로덕션 타이틀, 게임의 제목을 소개하는 메인 타이틀, 게임 스토리의 주요 내용과 등장 캐릭터를 소개하는 내용전개 부분, 게임 발매시기 및 제작자를 소개하는 크레딧 타이틀로 구성된다.35 그러나 최근에는 SNS의 확장, 게임의 장르와 형식 파괴, 게임 플랫폼의 다각화, 인디게임 수의 증가 등으로 게임 트레일러를 구성하는 양식과 형식이 파괴되고 있는 것이 사실이다. 최근에는 일부 유명한 1인 크리에이터를 통해 게임 소개영상을 트레일러로 제작하는 경우도 많다. 인디게임 개발사 입장에서는 유명 게임 크리에이터를 통한 게임영상 소개가 오히려 그들이 가진 팬을 자신의 게임으로 유도하기에 적합하다고 판단하기 때문이다.

게임 트레일러의 종류는 크게 시네마틱Cinematic 트레일러와 인게임 트레일러로 양분된다. 시네마틱 트레일러는 영화 표현기법과 요소가 가

---

34 정동민, "온라인게임 트레일러에 적용된 모션그래픽 표현 연구", 단국대학교 대학원 시각디자인학과, 석사논문, 2010, p. 13.

35 정동민, "온라인게임 트레일러에 적용된 모션그래픽 표현 연구", 단국대학교 대학원 시각디자인학과, 석사논문, 2010, p. 14.

미된 홍보 영상이다. 시네마틱 트레일러는 디지털 애니메이션 기업, 영화적 카메라, 편집, 조명기업이 사용되며 웅장한 스케일을 갖는 것이 특징이다.36

　반면 인게임 트레일러는 시네마틱 트레일러에 비해 그 제작비용과 시간이 훨씬 적게 소요되며 유저가 직접적으로 게임에 접근할 수 있는 방법을 제시한다. 여기에는 게임의 인터페이스나 게임 플레이 방식, 특징, 컨셉 등이 모두 구현되어 있고 게임의 제작 과정이나 게임의 접속 방법, 제작사에 대한 정보가 유저들에게 친숙하게 제공된다.37 인디게임 개발사가 사용하는 대부분의 게임 트레일러 종류가 인게임 트레일러 방식에 해당한다.

　코로나19 시대에 접어들면서 게임은 단순히 플레이 방식으로 즐기기보다 눈으로 보는 시청의 시간이 늘어나고 있다. 유튜브의 영상 중 게임이 차지하는 비중은 점점 확대되어 가고 있고, 젊은 연령층의 게임 영상 시청이 늘어나고 있는 추세이다. 그렇다면 내가 개발하고 있는 게임의 성공을 위해 게임 트레일러를 어떻게 만들고 편집할 것인지, 그리고 유저에게 어떻게 제공할 것인지는 고민하고 또 고민해야 할 것이다.

36　Jiang Hai Tao, "머시니아 제작기법을 활용한 게임 트레일러 제작에 대한 연구", 동서대학교 대학원 영상콘텐츠학과, 석사논문, 2015, p. 4.

37　Jiang Hai Tao, "머시니아 제작기법을 활용한 게임 트레일러 제작에 대한 연구", 동서대학교 대학원 영상콘텐츠학과, 석사논문, 2015, p. 5.

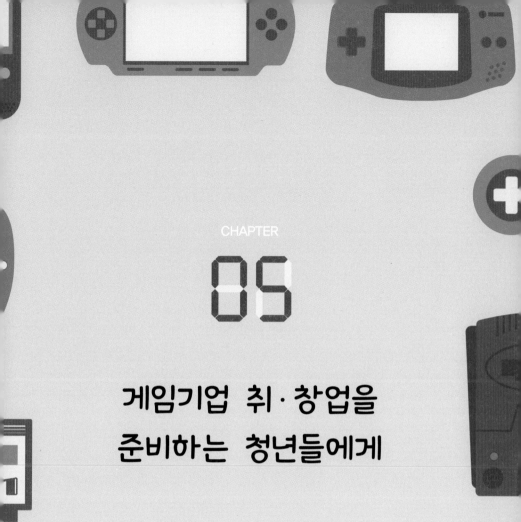

05

게임기업 취·창업을
준비하는 청년들에게

인디게임이 몰려온다

05 게임기업 취·창업을 준비하는 청년들에게

1

게임 제작이 일상이 되는 습관을 길러라

내가 경기콘텐츠진흥원에 20년 가까이 근무하면서 본 가장 큰 기적은 1인 개발자가 혼자 20억 원의 매출을 올리는 일이었다. 처음에는 믿지 않았다. 그러나 1년 후에는 30억 원, 그리고 그 다음해에는 50억 원의 매출을 올리고 있었다. 경기콘텐츠진흥원에서는 거의 신화처럼 생각하고 있는 주인공이 바로 키위웍스 장수영 대표이다. 경기콘텐츠진흥원이 처음으로 키위웍스 장수영 대표에게 제공한 공간은 고작 4평도 안 되는 작은 공간이었다.

판교 게임센터를 벤치마킹하러 온 많은 사람들은 저 4평의 작은 공간에서 연 매출 50억 원을 내는 게임을 만든다고 하면 아무도 믿지 않는다. 대한민국 인디게임의 위력과 성공 가능성을 보여 준 주인공.

그 주인공 키위웍스 장수영 대표에게 게임 창업을 준비하는 다음 세대를 위한 조언을 들었다.

대표님은 초등학교 시절부터 게임 개발을 하셨다고 들었습니다. 많은 청소년과 청년들이 게임을 좋아하고 게임 창업을 꿈꾸는 청년들이 증가하고 있습니다. 게임 창업을 위해 청소년과 청년들이 준비해야 할 것은 무엇이 있을까요?

대표님의 대답은 아주 명쾌했다. 그리고 그 대답은 누구나 실천할 수 있는 아주 작은 일들이었다. '게임 제작이 작은 일상이 되는 일', 그리고 그 일을 실천하는 것이었다.

PC나 모바일 게임을 제작하려 한다면 먼저 준비해야 할 일들이 무엇인지 묻는 학생들이 많았습니다. 대부분 학원을 다니거나 프로그래밍을 전문적으로 공부하기 등 조금 부담스럽거나 거창한 일들부터 생각하더군요. 하지만 처음부터 거창한, 거대한 장르보다는 작은 부분부터 차근차근 시작했으면 합니다. 자신의 상상만을 믿고 크게 일을 벌이다가 곧 한계에 부딪혀 게임 제작을 그만두는 후배들을 많이 보아 왔기 때문입니다.

먼저 게임 제작에 희망을 품는 학생들은 게임 제작이 일상이 되었으면 합니다. 언리얼이나 유니티 같은 전문적인 엔진으로 만드는 게임이 아니더라도, 종이 위에 지도를 그려 보드게임을 만들거나, 파워포인트나 워드 프로그램의 간단한 하이퍼링크 기능을 이용하여 어드벤처나 비주얼 노벨 게임을 만들 수도 있습니다. 이 방법이 본인에게 있어서 기대했던 화려한 게임 제작 방향이 아니더라도 이러한 기본적인 출발과 습관들이 나중에 전문적으로 게임을 제작할 때 큰 도움을 주는 기초가 됩니다. 크고 전문적인 제작을 시작하기 전에 먼저 작은 게임부터 아주 오랜 시간 동안 꾸준히 제작하는 자세가 필요하다고 생각합니다.

대한민국은 2000년대 초반부터 수많은 게임관련 학과가 4년제 대학과 전문대학에 설립되었으며, 게임 전문 고등학교도 설립되었다. 한

해만 해도 수천 명에 달하는 졸업생이 쏟아지는 게 현실이다. 또한 사설 게임 아카데미는 물론 게임 개발 동아리 등을 통해 게임업계에 취업을 준비하는 청년들이 점점 늘어나고 있다. 게임기업 CEO인 장수영 대표는 게임업계 취업을 준비하는 청년들에게 '소통하는 자세'가 무엇보다도 중요하다고 강조한다.

개인 개발자가 아닌 취업이 목적이라면 지원하는 프로젝트 성격과 다른 직군을 이해하고 소통하는 자세가 중요하다고 생각합니다. 아무리 실력이 좋아도 소통이 되지 않는다면 프로젝트는 진행되지 않기 때문입니다. 포트폴리오의 완성도는 기본이라고 생각하기에 이에 대해서는 특별한 언급은 하지 않겠습니다. 물론 소통도 기본적인 소양이지만 의외로 이 부분이 지켜지지 않는 경우가 많습니다.

회사가 자신에게 맞춰 주기를 바라기보다는 회사의 목표와 프로젝트 성격을 파악하는 시간이 필요하다고 생각합니다. 이는 꽤 긴 시간이 될 수도 있으며 프로젝트와 멤버들에 대해 제대로 파악이 된 시점에서야 비로소 회사가 발전할 수 있는 방향에 대해 원활하게 소통할 수 있다고 생각합니다. 그러기 위해서는 그 프로젝트에 지원하기 전부터 지원하는 프로젝트의 성격에 대한 많은 조사가 필요하다고 생각합니다.

취업시장의 불황으로 창업시장으로 눈을 돌리는 청년들이 늘어나고 있다. 정부 역시 청년창업을 권장하다 보니 일부 청년들은 단기적인 지원금만을 생각하며 창업을 하는 경우가 있는데, 장수영 대표는 이런 부분을 조심하라고 권고한다. 그리고 게임 창업을 생각하는 청년이라면 회사경험이 됐든 창업경험이 됐든 '게임 제작을 연습하는 반복적인 과정'이 매우 중요하다고 하였다.

저는 창업 이전에 공동창업 비슷한 일로 게임을 만들었던 경험이 있습니다. 저는 그 당시 대표는 아니었지만 전반적으로 게임 제작 프로세스에 대해 알아가는 좋은 기회가 되었던 것 같습니다. 회사가 본인이 원하는 게임을 만들지 않는다고 해도 게임을 만들기 위해 필요한 인력과 과정이 무엇인지 알아갈 수 있는 좋은 과정이라고 생각됩니다.

물론 회사경험이 절대적으로 필요한 과정은 아닙니다. 하지만 만약 회사가 아닌 개인 또는 본인이 만든 그룹에서 게임 제작을 연습한 후 창업을 계획하신다면, 실전을 경험해 보지 않으면 알 수 없는 기초들이 매우 많다는 것을 알아두셔야 할 것 같습니다. 따라서 이 경우 회사의 경험을 가진 분들보다 훨씬 더 많은 시간과 노력을 부으셔야 할 수도 있습니다.

초등학교 시절부터 '게임 제작이 일상'이 되었던 분이라서 그런지는 몰라도 보통의 스타트업 대표와는 달리 회사경험이 절대적으로 필요하지는 않다고 하였다. 앞에서도 대표가 언급했듯이 게임 개발의 성공은 '게임 제작이 일상이 되는 일', 그러한 기초들과 훈련의 반복적 과정이 '게임 개발 성공의 잣대'라고 하는 것이다.

게임 스타트업으로 성공하는 길에는 꼭 정해지고 답습해야 하는 과정이 있는 것은 아니다. 게임에 대한 전문적인 교육을 고등학교나 대학교에서 배웠다고, 아니면 게임 아카데미를 수료했다고 해서 게임 개발에 성공하는 것은 아니다. 그러나 분명한 것은 게임 스타트업으로 성공하기 위해서는 게임 제작을 완성하는 과정을 몇 번이고 반복해야 하는 훈련만은 반드시 필요하다는 사실이다.

2

기획-개발-서비스에 대한 일련의 경험을 축적하라

대한민국에서 유일한 인디게임 스타트업을 육성하는 경기게임아카데미 스타트업 과정은 벌써 9기를 맞고 있으며, 인기를 실감하듯 3:1이었던 모집 경쟁률은 10:1 이상이 될 정도로 점점 높아지고 있다. 기획-개발-서비스에 대한 일련의 경험을 가장 최적화하여 훈련시키기 때문에 인디 게임 개발자나 기획자 모두 이 과정을 거치고 싶어 한다. 경기게임아카 데미 스타트업 과정을 담당하고 있는 경기콘텐츠진흥원 이상혁 매니저 를 만났다. 게임 창업을 준비하는 청년들을 위한 이상혁 매니저의 조언 을 들어보았다.

예전과 다르게 이제는 수많은 개인 개발자 및 소규모 단위의 개발그룹들 이 수많은 게임들을 만들어 내고 자연스럽게 게임을 출시할 수 있는 오픈형 시장이 형성되었습니다. 접근이 쉬워진 면도 있으나, 그에 반해 경쟁은 심화 되었습니다. 중요한 것은, 뭘 하려고 하는데 잘 안 돼서 "이게 돈이 될 수 있다는데" 하면서 가벼운 마음으로 개발 및 창업에 뛰어드는 것은 굉장히 위 험한 발상이라는 것입니다. 본인들이 만들고자 하는 게임이 다른 게임들과 어떠한 차별점을 줄 수 있으며, 어떠한 재미를 확실히 보장하겠다는 명확한 목표와 계획이 세워져 있지 않다면, 섣불리 창업을 하는 것은 권하지 않습니 다. 기획, 개발, 서비스에 이르는 일련의 경험을 위해 여러 번 시도를 해 보 고 그에 따른 시행착오를 겪을 각오를 한 후 도전해 보길 바랍니다.

게임업계에서 수년간 경험을 쌓은 사람들도 여러 시도를 하면서 시행착오 를 겪어 어렵게 결과를 만들어 내고 있습니다. "내가 만든 게임을 100% 유 저들이 좋아해 줄 것이다"라는 생각보다는 주변의 여러 테스트를 거쳐 피드 백받는 것에 주저하지 마시길 바랍니다. 내 아이디어를 누군가 훔쳐 가지 않을까 하는 생각은 주변평가에 소홀하게 만드는 방향이 되고 이는 우물한 개구리가 되기에 딱 좋은 환경을 만들어 갑니다. 나 혼자 하기 위한 게임을 만드는 것이 아니라면, 주변의 반응을 경청하고 의견을 수렴하여 방향을 설정하는 절차는 필수불가결한 부분입니다. 초기부터 공개하여 진행하는 것은 정확한 피드백을 받기 어려울 수 있습니다. 빠르게 수정-개발 대응할 수 있는 단계에 이르면 곧바로 의견 수렴절차를 거쳐 어느 기간 안에 확정하여 서비스하겠다는 명확한 계획을 세워 파워풀하게 진행해 보시길 바랍니다. 물론 그 결과가 좋지 않을 수도 있습니다. 하지만 그 경험은 다음 시도를 통해 더 좋은 결과를 만들어 줄 것입니다. 첫술에 배부를 생각은 복권 한 장을 사고 수십 억에 당첨될 생각을 하고 있는 것과 똑같다고 봅니다. 시도하고 경청하며 자신의 것들을 쌓아가기 바랍니다. 그리고 그렇게 만들어진 피드백 네트워크 및 개발 네트워크를 소중히 하여 그들이 인정할 수 있는 게임을 만들려 노력하신다면 어느샌가 자신이 목표로 해야 할 것이 무엇인지 뚜렷해지는 시기가 올 것이라 확신합니다.

능력 있는 인디게임 개발자라면 취업이냐 창업이냐 누구나 한 번쯤 고민하는 시기가 있다. 창업에 신중한 개발자라면 취업 후 경험을 쌓는 것을 택할 것이고, 도전적이고 마음이 급한 개발자라면 창업을 통한 게임 개발을 택할 것이다. 이상혁 매니저는 이 부분은 매우 민감하고 신중한 결정이 필요하다고 한다.

이 점은 민감할 수 있는 부분입니다만, 취업은 그만큼의 수요시장이 충족되었을 때 택할 수 있는 방향이라 할 수 있습니다. 현재 개발자 수요시장은 여러 가지 시장상황 및 경제상황과 맞물려 녹록지 않은 상황인 것이 사실입니다. 이러한 시기에 창업하지 말고 취업을 해라 하는 것도 맞아떨어지지 않으며, 레드오션인 게임 시장에 무턱대고 창업을 해라라는 식의 권유도 맞지 않다고 생각합니다. 다만, 창업을 굳이 하지 않더라도 게임을 출시하거나 그에 대한 경험을 쌓아 가는 것에 큰 어려움이 따르는 것은 아닙니다. 이를 적극 활용해 보는 것이 좋은 방법이 될 수 있다고 생각합니다. 물론 취업을 해서 전문성을 쌓아 추후에 창업을 해 보는 것도 좋은 도전방법이 되겠습니다만, 어려운 취업시장을 감안한다면 우선 자신이 스스로 가벼운 것이라도 개인이든 소규모 그룹이든 기획, 개발, 론칭까지의 시도를 해 봄으로써 레퍼런스를 쌓아 가는 것이 중요하다고 생각합니다. 이는 많은 사람들이 갖지 못하는 자신만의 경험이 되어 취업에도 분명히 도움이 될 수 있으며, 여기서 얻어지는 경험들은 취업이나 창업을 결정할 때 분명 자신에게 큰 영향을 미치게 될 것임은 확신합니다.

이상혁 매니저는 게임산업이 성장하고, 스타 CEO와 개발자들이 언론을 통해서 부각되면서 게임업계를 두드리는 청년들이 늘어나고 있고, 이것인 분명 게임산업을 성장시키고, 에너지를 불어넣는 기반이 될 것이라 믿는다고 하였다. 다만 그러한 성장 속에서 청년들이 주의할 점이 필요하다고 하였다.

내가 좋아하는 것을 직업으로 계속해 나가기 위해서는 사전 준비와 경험이 필요합니다. 모든 일이 그렇듯 기본기가 충실해야 성장이 가능합니다. 다만, 게임 학과나 게임 전문 고등학교 혹은 사설 게임 아카데미가 많아지고 진입 장벽이 낮아진 탓에, 예전보다 진로를 쉽게 선택하고 고민도 덜하게 되는 것 같습니다.

대부분 경험했듯이 학교에서의 교육은 이론적이며 기본적인 사항들 중심입니다. 실전 능력을 쌓고, 남들과는 다른 기획을 해 보고, 우수한 게임들을 분석하고 테스트하는 과정은 별도의 자기 노력과 시간 할애가 필요한 사항들이라고 생각합니다. 관련 학과를 나온다고 해당 직업에 성공적으로 안착할 수 있는 시대는 지났습니다. 열심히 보고, 듣고, 찾아 다니고, 네트워킹하는 것이 반드시 필요합니다. 이 과정에서 생각하지도 못한 해답을 찾을 수도 있습니다.

　그리고 마지막으로 한마디만 더 붙이면, 단단한 멘탈도 키워야 합니다. 연이은 실패에 포기하지 않기, 나보다 뛰어난 개발자에 좌절하지 않기, 잘나가는 게임만 바라보지 않기 등 고집과 맷집도 필요합니다.

대한민국 게임산업 성장에 있어서는 '애니팡을 개발한 선데이토즈'와 같은 청년 창업가들의 혁신적인 공헌이 있는 것은 사실이다. 그러나 스타 CEO의 모습만 바라보며 게임 개발 시장에 뛰어드는 것은 매우 무모한 짓이다. 이상혁 매니저의 조언처럼 기본기가 충실해야 성장할 수 있는 것이 게임 시장이다. 그렇기 때문에 인디게임 CEO로 지속적인 성장을 원한다면, 게임 개발에 대한 기본기에 충실하면서 CEO가 가져야 할 '기획-개발-서비스'를 통찰하고 매니징할 수 있는 폭넓은 시야와 경험을 축적하는 것이 중요하다.

3

'생각하는 힘'을 길러라. 게임의 성공은 창의력과 독창성이다

흔히 게임 개발하면 최첨단 분야의 게임 프로그래밍, 게임 디자인, 유니티 프로그램과의 친숙도, 언리얼 엔진을 다루는 전문성, 게임의 완성도를 높일 수 있는 레벨 디자인 실력 등을 갖추는 것을 우선시한다. 수많은 게임 아카데미나 학교에서도 메인 학습 과정은 게임 기획-프로그램-디자인-서비스 등 약간은 천편일률적인 학습방법을 답습하는 것이 현실이다.

　그러나 성공한 게임의 보편적 특징을 보면 탄탄한 스토리텔링, 게임 전개의 서사구조, 캐릭터들의 영웅담, 게임 레벨에 있어서의 극적 요소 등을 포함한 '콘텐츠의 창의력과 독창성'이 매우 단단하고 밀도 있게 구성되어 있다. 대부분의 RPG 게임들은 신화를 모티브로 했거나 신화 속 영웅들이 갖고 있는 서사구조를 가지고 있다.

게임 스토리텔링은 개연성과 보편성을 확보한 창의적 서사를 중요 시한다. 개연성은 게임의 리얼리티를 구현하는 요소로 작용하고, 보편 성은 동서고금을 막론하고 익숙함과 편함을 이끄는 핵심 요소이다.[38] 게임 속 서사와 신화가 본격적인 접점을 갖는 것은 RPG의 탄생에서부 터라고 볼 수 있다. 〈D&D〉는 '판타지 소설'의 배경 세계를 참조했다. 판타지 소설의 대중화를 이끈 〈반지의 제왕〉에 나오는 북유럽 신화의 모티프를 〈D&D〉는 게임 세계 설정, 게임서사 속의 주요 악역 및 이종 캐릭터, 주요 사건 등으로 활용했다.[39]

2018년 소니 인터랙티브 월드와이드 스튜디오SIE WWS가 출시한 신작 시리즈 〈갓 오브 워〉와 2011년 미국 밸브Valve사가 출시한 스팀 Steam을 통해 출시한 인디게임 〈아이작의 번제〉는 서구문화의 근간인 그리스 신화와 성경에 바탕을 두고 신화적 배경, 신화적 등장인물, 신 화적 서사를 활용해 게임 스토리텔링을 구성하고 있다. 〈갓 오브 워〉의 주인공은 스파르타 출신의 크레토스이다. 크레토스는 어려서 가족을 잃 는 불운함 속에서 아레스 신과 악연을 맺지만, 처자식을 잃는 아픔을 겪고 복수의 일념으로 나아가는 비극적 인물이다. 〈갓 오브 워〉는 게임 세계의 설정과 캐릭터의 조형, 서사 전개 면에서 그리스 신화 기반 게 임 스토리텔링의 표본이라고 할 수 있다. 〈아이작의 번제〉는 구약성서 창세기 22장에서 아브라함이 아들 이삭을 번제의 제물로 드리는 내용을 토대로 하고 있다. 〈아이작의 번제〉는 성경의 신화적 요소를 직접 차용

38 조지프 캠벨·발 모이어스 대담, 이윤기 옮김, 『신화의 힘』, 이끌리오, 2002, pp. 29-30.
39 심상우, "신화 기반 게임 스토리텔링의 성공요인 연구", 안동대학교 한국문화산업전문대학원 석사논문, 2019, p. 13.

한 것은 많지 않지만, 게임의 캐릭터 아이템, 몬스터에서 성경적 특성이 뚜렷하게 나타나고 있다. 무엇보다 성경의 '유혹과 그에 대한 어려움' 테마를 게임의 난이도 구성에 활용하고 있다.[40]

비단 RPG 게임만이 신화적 모티브나 영웅들의 서사구조를 기반으로 게임을 개발하는 것은 아니다. 우리가 너무나도 잘 알고 익숙한 〈테트리스〉 역시 외계인 침입에 맞서는 지구 전사들이라는 스토리텔링을 토대로 하고 있다. 그만큼 게임의 흥미진진하고 스펙터클한 구조를 전개하기 위해서는 그리스 로마 신화는 물론 유럽 신화, 중국 신화, 중국 고전 소설 등에 대한 폭넓은 이해와 내러티브 구조에 대한 이해가 필요하다. 이미 많은 게임들이 이러한 그리스 로마 신화는 물론 중국의 삼국지 등의 내러티브 구조를 토대로 게임을 개발하여 성공하였다.

그렇기 때문에 게임 개발자 또는 게임 창업을 꿈꾸는 청소년들이라면 단순히 게임 개발에 필요한 프로그램과 디자인을 공부하는 것 이상으로 인문학 소양을 넓혀 '생각하는 힘'을 길러야 한다. 컴퍼니B 엄정한 대표는 게임 창업으로 성공하길 원하는 청소년이라면 무엇보다 제일 중요한 것이 '생각하는 힘'을 길러야 한다고 주장한다.

재미있는 게임을 만들기 위해서는 다양한 분야의 인문학적, 공학적 소양을 키우는 것이 중요합니다. 남이 만든 게임을 많이 플레이하는 것도 중요하지만 기본적으로 다양한 분야에 대한 연구와 학습이 좋은 게임을 만드는 토양이 되는 것 같습니다. 결국 게임은 '재미'가 있어야 하는데, 게임의 '재미 요소'는 '독특한 소재'와 '스토리텔링'에서 나온다고 생각합니다. 그러한 독창성은 '생각하는 힘'에서 나오는 것이고, 이는 인문학적, 공학적 소양이 기본이 되어야 합니다.

40 심상우, "신화 기반 게임 스토리텔링의 성공요인 연구", 안동대학교 한국문화산업전문대학원 석사논문, 2019, pp. 7-62.

또, 다양한 분야의 사람들과 만나서 교류해야 합니다. 단순히 게임 개발자들하고만 만나는 것은 오히려 '게임 창업'에는 마이너스일 수도 있습니다. 미술, 음악, 체육 등 다양한 분야의 친구들과 이야기를 나누어야만 독특한 소재를 찾을 수도 있고, 아이디어가 생길 수 있습니다. 전설적인 만화가들도 대부분 다양한 인적 네트워크를 통해 소재를 구하며, 게임도 역시 마찬가지라고 생각합니다. 만남의 폭을 넓히는 것이 상당히 중요하다고 생각합니다.

게임산업은 장르의 다양화는 물론 기술의 발달에 따른 VR·AR 등의 장비 첨단화에 이르기까지, 그 변화의 속도를 따라잡기 어려울 정도로 급변하고 있다. 스마트폰과 SNS의 대중화, 그리고 게임 플랫폼의 다양화에 이르기까지 '콘텐츠의 독창성과 재미'에 반응하지 못하고 답보한다면 기술적 진보를 따라잡기는 현실적으로 어렵다. 2D 게임으로만 스팀Steam에 출시하여 성공하는 인디게임이 있다. 우리가 보기에는 단순한 게임 형태일지 모르지만 그 속에는 탄탄하고 조밀한 스토리텔링이 있음을 기억해야 한다. 게임을 좋아하는 청소년들은 게임산업 발달에 따른 기술과 디자인을 공부하고 경험하는 것이 필요하다. 그러나 그에 앞서 내가 게임의 창작자라고 한다면 유저에게 얼마나 독창적이고 풍부한 이야기를 게임을 통해서 풀어낼 수 있는지를 고민해야 한다. 그리고 나 자신이 그러한 콘텐츠를 재미있고 흥미진진하게 풀어낼 수 있도록 인문학적 소양과 환경을 구축해야 한다.

그러한 측면에서 GTR 김호규 지사장은 게임 창작자라면 게임을 소비하는 사람에게 재미 요소를 전달할 수 있도록 준비되어야 한다고 말한다.

게임 창작자에게는 좋아하는 일을 열심히, 즐겁게 할 수 있는 환경이 가장 중요하다고 생각합니다. 콘텐츠 비즈니스는 창작자의 머리와 손에서 나오는 고유의 재미 요소를 소비하는 사람들에게 잘 전달하는 것이 핵심입니다. 본인 스스로 그 재미를 발견하고 전달할 수 없다면, 즉 좋은 게임을 만들어 낼 준비가 안 되어 있다면, 창업을 하더라도 실패를 맛보게 될 가능성만 다분하다고 생각합니다. 온전히 내가 좋아하고 즐거워하는 일에 집중하고, 그것을 다시 게임으로 만들어 내기 위해 집중하려면 본인 스스로의 행복을 찾는 게 가장 선행되어야 할 일이라고 생각합니다. 그러기 위해서는 나 자신이 '생각하는 힘'을 기를 수 있는 창의성과 독창성이 필요합니다.

그리고 나서는, 게임을 잘 만들기 위한 개발/아트 역량과, 혼자 다할 수 없는 영역에 대한 협업 등이 필요하죠.

'게임을 소비하는 사람에게 재미 요소를 전달할 수 있는 것이 무엇인가?'

그것은 바로 웹툰이나 드라마를 보면서 다음 회차에 대한 궁금증을 유발하고 다음 회차를 기다리는 심리, 즉 스토리에 대한 궁금증이다. 그러나 다음 스토리가 궁금하지 않다면, 그 웹툰과 드라마는 실패가 예정되어 있는 것이다. 게임 역시 마찬가지이다. 게임이 진행될 때마다 앞으로 전개될 스토리, 앞으로 등장할 캐릭터, 한 단계 한 단계 퀘스트를 해결할 때마다 나에게 얻어지는 보상과 파워 등이 궁금하지 않다면 그 게임 역시 실패한 게임이다.

그러한 게임의 흥미유발성과 궁금증을 갖게 하는 것이 스토리텔링이며, 그 스토리텔링을 풀어낼 수 있는 창의성과 독창성을 기르기 위해서는 폭넓은 인문학적 소양을 기르고 또 길러야 함을 명심해야 한다.

4
게임 개발자가 정답은 아니다.
내게 맞는 직군이 무엇인지를 찾아라

흔히 게임 종사자라고 하면 대부분이 개발자를 생각하는 경우가 많다. 인디게임의 경우는 CEO가 개발자이면서 기획자이고, 마케팅까지 1인 다중의 역할을 하고 있지만, 〈리니지〉와 같은 대형 게임은 매우 세분화된 조직에서 다양한 직군의 사람들이 정해진 프로젝트 일정에 맞추어 프로젝트를 진행하면서 게임이 완성된다.

게임산업의 주요 직군에는 게임 스튜디오를 이끄는 CEO 및 임원, 그 아래 PD, PM 및 개발조직의 각 직군을 대표하는 관리자들이 존재한다. 핵심 개발인력은 대개 기획, 아트그래픽, 프로그램엔지니어의 3개 영역으로 구성되며, 그 외에 QA, 운영, 사운드, 영상제작 등이 있다. 또한 게임 개발을 위한 투자, 영업, 마케팅, 홍보, 해외퍼블리싱 등의 직군이 있으며, 게임 조직인력을 관리하기 위한 인사, 총무, 개발 지원 등의 관리경영 직군이 존재한다.[41]

PDProject director는 개발 조직의 실질적 리더로서 게임 프로젝트의 모든 과정에 대해 의사결정권을 갖는다. PMProject manager은 조직들이 유기적으로 잘 돌아가도록 관리 및 운영자 역할을 한다. ADArt director는 게임의 그래픽 아트 부분을 총괄하는 미술 감독 역할을 하며, 게임 그래픽의 분위기나 일러스트의 화풍, 작업 방식 등을 총괄한다. 게임 디자이너Game designer는 게임의 장르나 콘셉, 시나리오, 규칙 등을 설정하여 게임의 초기 기획부터 완성까지 기획을 담당한다. 우리가 가장 많을 것이

---

41 이상규, "디지털 창의 노동자는 어떻게 불안정성에 대응하는가?: 한국의 게임 개발자들을 중심으로", 서울대학교 대학원 언론정보학과 박사논문, 2018, p. 103.

라고 생각하는 게임 프로그래머는 컴퓨터 프로그램 언어를 바탕으로 코드를 작성, 기획, 아트의 작업 결과를 프로그램을 통해 구현한다. 그리고 이 프로그래머 역시 클라이언트 프로그래머, 서버 프로그래머, 엔진 프로그래머로 분류된다. 이 밖에도 TATechnical Artist, QAQuality Assurance 등 다양한 직군이 게임산업에 존재한다.[42]

이렇게 게임산업 발달에 따라 게임관련 직업과 직군이 점차 세분화되어 가면서, 청소년과 청년들은 '내가 어떤 분야의 전문가로 게임산업에 종사할 것인가'에 대한 진로를 고민하게 된다. 컴퍼니B 엄정한 대표는, 막연하게 "개발자가 되겠다", 아니면 "디자이너가 되겠다"라는 식의 막연한 진로설정보다는 해당 분야의 전문가나 선배들을 만나 보면서 자신의 진로를 구체화하는 것이 현명하다고 설명한다.

> 게임산업이 발전하면서 게임관련 직업들이 매우 세분화되고 있습니다. 단순히 게임 개발자가 되거나, 게임 기획자가 되는 것보다는 해당 산업분야에서 새로 생겨나고 있는 직군이 무엇인지를 모니터링하는 것이 바람직합니다.
> 단순히 '게임을 좋아한다'는 것만으로 위와 같은 전공을 선택하면 '나보다 게임 잘하는 사람'들에 의해서 자존감이 낮아질 수 있습니다. 세상 어디에나 '나보다 잘하는 사람'은 많이 있습니다. 그래서 단순히 게임을 좋아하기 때문에 그러한 게임전공을 선택하기보다는 게임산업을 전체적으로 분석하고 전공을 선택해야 한다고 생각합니다.
> 특히, 게임전공을 선택했거나, 예정인 사람은 반드시 그 분야의 10년 선배(모르는 사람이라도, 페이스북이나 트위터 등으로 메시지를 보냄)를 찾아가서 인터뷰를 해 보길 권해 드립니다. 물론 다양한 신문, 유튜브, 매체 등에 게임분야 전문가들의 인터뷰가 있을 테니, 그러한 글들을 찾아보고 사전

---

42 이상규, "디지털 창의 노동자는 어떻게 불안정성에 대응하는가?: 한국의 게임 개발자들을 중심으로", 서울대학교 대학원 언론정보학과 박사논문, 2018, pp. 103-105.

지식을 쌓은 후 찾아가 보길 권해 드립니다.

유니티와 언리얼의 부분 유료화가 진행되면서 개발 속도는 빨라지고, 개발자의 연령층도 훨씬 어려지고 있는 추세이다. 물론 유능한 게임 개발자라면 빨라지는 개발 트렌드와 기술적 추이를 지속적으로 따라잡을 수 있겠지만, 젊은 연령층의 개발감각을 따라잡기는 결코 쉬운 일이 아니다. 그렇기 때문에 게임 직업군에 대한 선택과 향후 내가 성장할 수 있는 직위와 직군에 대한 진로탐색은 반드시 염두에 두어야 한다. 경기콘텐츠진흥원 게임산업팀을 총괄하는 김창주 팀장은 청소년들에게 '내가 게임을 잘하기 때문에, 게임에 소질이 있기 때문에 창업을 결정하는 일'은 매우 위험한 일이므로 체계적인 게임교육을 통해 자신의 꿈을 실현해 갈 것을 충고한다.

주변을 돌아보면 어린 시절 게임에 빠져서, 커서 프로그래머나 e스포츠 선수가 되겠다고 하는 학생들을 종종 보게 됩니다. 예전에 비해서 게임의 종류와 완성도가 무척 높아졌고, 게임을 경험하고 즐길 수 있는 방법들이 다양해졌기 때문으로 보입니다.

좋아하는 것에 몰입하고, 충분히 경험해 보는 것은 긍정적인 일입니다. 다만, 그것이 직업과 생업이 되는 것은 또 다른 문제라고 생각합니다.

의욕만 가지고 창업을 결정하는 것은 안전하지도 않고, 실패 시 개인에게 큰 상처가 될 수 있습니다. 따라서 게임을 좋아하고 개발에 관심이 있는 청소년들이라면, 우선은 취미로 해당 활동들을 충분히 즐기는 것을 추천합니다. 취미 이상의 필요가 느껴진다면, 관련 학과로 진학해서 체계적인 교육을 받는 것이 어떨까 싶습니다. 이후 취업이나 창업을 고민하게 될 수 있는데, 개인적으로는 취업을 우선 고려하면 좋을 것 같습니다. 같은 관심과 고민을 가진 사람들과의 협업 경험은 나중에 창업을 해도 큰 도움이 될 수 있습니다.

개인의 개발 역량이 출중하더라도, 운영, 홍보, 마케팅, 영업까지 두루 잘

하기는 쉽지 않습니다. 창업을 결심하고 실행하기 전에 많이 보고 듣고 경험하는 것을 추천합니다.

또한, 경기게임아카데미와 같이 '전문가 멘토링', '실전 개발을 수반한 안전한 창업 지원 프로그램'에 참여하는 것도 좋습니다.

최근에는 인디게임이 활성화되고, 게임 개발능력이 우수하다고 판단되는 많은 청년들이 창업전선에 뛰어들고 있다. 정부 및 지자체의 창업 지원 프로그램이 활성화되다 보니 1천만 원에서 1억 원 사이의 창업 지원을 받은 청년들은 게임 개발 아이템을 가지고 창업시장으로 몰린다. 특히 대학생들의 게임 창업에 대한 열풍이 지속적으로 증가하고 있는데, 이에 대하여 컴퍼니B 엄정한 대표는 큰 우려를 나타냈다.

저는 개인적으로 '학부생 창업'을 반대하는 입장입니다. 물론 정부지원사업 등의 인프라가 워낙 잘 갖추어져 있기 때문에, 예비창업자로서 지원금을 받기는 쉬울 수 있으나, 사업에 성공하는 것과 지원사업에 선정되는 것은 다른 차원의 문제입니다. 정부지원사업이나 공모전에 선정되었다는 것에 너무 도취되어 사업의 본질을 잊으면 안 됩니다.

학부생 창업의 경우, 젊은 패기와 아이디어를 인정받아 지원사업에 선정될 수는 있겠으나, 실무적인 '내공'이 부족해서 사업이 잘 안 되는 경우가 많습니다. 사업에는 50개가 넘는 여러 가지 위험 요소가 존재하며, 그것은 교과서에 나오지도 않습니다. 따라서, 학부생 창업을 꿈꾸는 예비창업가라면, 먼저 가장 유사한 스타트업에 취업을 하시고, 그 스타트업에서 경험을 최소 2년 이상 쌓으시기 바랍니다. 그 2년 사이에 든든한 창업멤버도 쌓일 것이고, 자신의 전공지식이 얼마나 현실과 거리가 있었는지를 알게 될 것입니다. 졸업 후 바로 창업을 하실 분들은 꼭 좋은 스타트업에 합류해서 경험을 쌓기를 권합니다.

경기콘텐츠진흥원 김창주 게임산업팀장 역시 컴퍼니B 엄정한 대표의 말에 전적으로 동의하면서, 준비 없는 창업은 자칫 게임을 좋아하는 마음까지 상처받을 수 있다고 말했다.

준비 없는 창업은 실패 확률이 매우 높습니다. 게임을 좋아하는 마음까지 상처받을 수 있습니다. 콘텐츠 장르의 특성상 나에게 확실한 아이템과 개발 능력이 있다고 해도, 성공적인 창업을 위해서는 고려해야 할 많은 주변 요소들이 있습니다. 운영, 유통채널, 마케팅뿐 아니라 세무, 회계, 인사, 노무 등 알아야 할 것들이 부지기수입니다. 물론 모든 것이 갖춰진 상태에서 창업하기란 어렵습니다. 하지만 관련 업종에 취업이나 프로젝트 개발 참여 등을 통해서 해당 부문들에 대한 직/간접 경험을 하는 것은 이후 창업에 큰 도움이 될 수 있습니다. 이 과정에서 얻게 되는 소중한 인맥들은 기업 운영에 보탬이 됩니다. 성공한 게임사 CEO를 꿈꾸며 무조건 창업을 강행하려는 청년들이 있다면, 꼭 알아보셔야 하는 것이 있습니다. 성공한 CEO들도 처음부터 창업해서 성공한 것은 아니라는 것입니다. 취업과 개발 참여를 통해서 실전 경험과 노하우를 충분히 쌓은 후에 창업을 실행할 경우, 실패 확률이 낮습니다. 설령 실패하더라도, 재도전의 길을 밟을 가능성이 높습니다.

요즘 청년들의 취업이 쉽지 않습니다. 상황이 이렇다 보니 대체제로서 창업을 선택하는 경우가 적지 않은 것 같습니다. 하지만 즉흥적이고 준비되지 않은 창업은 더 큰 시련이 될 수 있습니다. 꼭 사전 경험과 기본기를 탄탄하게 하는 과정을 거치시길 추천합니다.

창업이든 취업이든 단 한 번의 시도와 도전으로 성공하는 일은 없다. 특히 청소년이나 청년들은 게임산업에 관심이 있다면, 수많은 시행착오를 거쳐 전문가로 거듭나는 훈련을 해야 한다. 나에게 맞는 전문적인 게임 직군을 찾아 그 분야 최고 전문가가 되거나, 성공한 게임 CEO가 되는 길 모두 험난하고 어려운 고난의 과정이 필요하다.

오죽하면 게임업계 종사자들 사이에서는 '크런치 모드crunch mode'
나 '크런치 타임crunch time'이란 말이 일상적인 용어로 통용되고 있다.
'크런치'는 게임 출시나 업데이트를 앞둔 위급한 상황에서 야근과 밤샘
이 반복되는 기간을 말한다.[43]

물론 최근에는 여러 가지 게임종사자들의 노동이슈로 많이 개선되
기는 하였지만, 아직도 게임 출시를 앞두고서는 어쩔 수 없는 것이 이
산업의 현실이다. 그러한 측면에서 게임업계로 진출하고자 하는 많은
청소년과 청년들이 겉으로 보이는 고액연봉이나 성공한 CEO만 바라보
고 게임업계에 진출하는 것은 경계해야 할 것이다. 진정으로 게임업계에
진출하여 성공하고자 한다면, 나에게 맞는 전문 분야는 무엇이고, 내가
잘할 수 있는 것이 무엇인지를 탐색하고 경험하는 것을 수없이 반복해
야 할 것이다.

---

43 이상규, "디지털 창의 노동자는 어떻게 불안정성에 대응하는가?: 한국의 게임 개발자들을
    중심으로", 서울대학교 대학원 언론정보학과 박사논문, 2018, pp. 24-25.

대한민국 게임 창업자의 데뷔무대
'새로운경기 게임오디션'을 만나다

올해로 12회를 맞이하는 '새로운경기 게임오디션'은 국내 인디게임 개발자들 사이에서 오랜 기간 동안 각광받고 있다. 본 오디션을 주최하는 경기콘텐츠진흥원 김창주 게임산업팀장과 이상혁 매니저를 만났다.

최근 인디게임 업체 또는 게임 창업가들 사이에서는 '새로운경기 게임오디션'이 게임업계의
'K-POP SATR'나 '슈퍼스타K'라고 불릴 정도로 게임 창업의 데뷔 무대가 되고 있습니다.
이러한 새로운경기 게임오디션만의 인기 비결이 무엇이라고 생각하시는지요?

💻 김창주 팀장

게임 개발, 출시, 운영 및 마케팅이 과거에 비해 무척 용이해졌습니다. 자연히 게임을 개발하는 개인이나 인디 개발사들도 많이 늘었습니다. 이들에게 필요한 것은 초기 개발자금과 본인이 개발 중인 게임에 대한 전문가 혹은 유저들의 평가입니다.

벌써 12회를 맞는 새로운경기 게임오디션은 이러한 수요에 부합하는 지원사업입니다. 일단 개인이나 기업 등 참여 제한이 없습니다. 그리고 TOP 5에 선정되면 초기 개발자금을 받게 되고, 경기게임센터 입주 시 가점 혜택을 얻습니다. 이외, 오디션 심사 외에도 전문가를 통한 멘토링도 지원됩니다. TOP 10에만 뽑

혀도 마케팅, CDN, 클라우드서버 등 다양한 후원을 받게 됩니다.

　이처럼 새로운경기 게임오디션 사업은 개인/업체의 개발력 과시, 자기 PR, 초기 개발자금 유치, 전문가 멘토링, 개발자 간 네트워킹 등 다양한 지원으로 인해서 많은 관심을 받고 있다고 생각합니다.

💻 이상혁 매니저

하루에도 수많은 게임들이 쏟아지는 오픈마켓형 모바일 게임 시장에서 유저들에게 자신들의 게임이 노출되거나 주목받을 수 있는 기회는 더욱 좁아진 상태입니다. 그렇기에 플랫폼의 피처드 파워라든지, 인플루언서들의 주목을 받아 방송콘텐츠의 소재가 된다든지 하는 기회는 대규모 자본력을 동원한 대형 게임들이 장악하고 있습니다. 이러한 시장에서 인디 개발사가 시장노출 기회를 접하기는 더욱더 어렵습니다. 별도의 마케팅을 통해 모객 및 게임의 매력을 알릴 수 있는 기회가 지나치게 적어지다 보니 이러한 상황에서 새로운경기 게임오디션은 이슈를 만들어 낼 수도 있고 지원금까지 받을 수 있는 기회가 되었습니다. 개발사들에게는 꿩도 잡고 알도 먹는 일석이조가 되는 셈입니다.

66

팀장님과 매니저님은 수년 동안 새로운경기 게임오디션을 개최하면서

새로운경기 게임오디션의 수많은 수상자를 만나 보셨을 텐데요….

새로운경기 게임오디션 수상자들의 수상하게 된 비결이 무엇이라고 생각하는지요?

게임의 스토리, 수익모델, 아이디어, 퍼블리싱 등 구체적으로.

99

💻 김창주 팀장

지난 5년간 새로운경기 게임오디션에서 수상한 작품들을 살펴보면, 대부분 인디 개발사의 톡톡 튀는 아이디어가 돋보이는 것들이었습니다. 대작에서 볼 수 있는 서사나 방대한 스토리보다는 캐주얼한 스토리와 구성이 많았습니다. 또한 게임의 타깃에 대한 명확한 안을 가지고 있었습니다. 보통 수익모델에 대한 고민은 조금은 부족해 보이는 경우가 많지만, 개중에는 해외 진출을 위한 구체적인 실행 계획이나 과금 정책을 제안하는 작품들도 있었습니다.

새로운경기 게임오디션이 우수한 개발자(사)의 등용문으로 인식되면서, 심사위원들도 대형 게임사들과는 다른 독창적이고 기발한 아이디어와 게임성을 갖는 작품에 높은 점수를 주시는 것 같습니다. 수상작 중에는 오디션 심사를 맡은 심사위원(국내외 퍼블리셔)을 통해서 투자와 서비스가 진행된 사례도 있습니다.

🖥 이상혁 매니저

여러 해를 통해 보면서 신박한 아이디어, 많은 노하우에서 나오는 상용화 전략 등 다양한 매력을 가지고 도전하는 프로젝트들이 많았습니다. 그에 따라 저도 조심스럽게 우승 게임을 점쳐 보기도 하고 했었습니다. 그럼에도 불구하고 예상 외의 결과가 나올 때가 자주 발생합니다. 왜 이런 결과가 나올까 하고 조심스럽게 분석해 본 바, 개인적으로는 그 이유를 대중성이라는 단어로 결론 낼 수 있을 것 같습니다. 어디까지나 게임은 예술창작 콘텐츠가 아닌 대중문화 콘텐츠이기 때문입니다. 게임에 대한 경험도, 취향 등 다양한 평가기준이 존재합니다. 그러하기 때문에 게임으로서의 적당한 복잡성과 호불호가 갈리지 않을만한 소재, 쉽게 접근할 수 있는 시스템 등을 갖췄을 때 그게 곧 시장성이 되고, 몰입도를 만들어 내는 중요한 요소로 작용하는 것 같습니다.

가장 인상 깊은 새로운경기 게임오디션 우승자는 어느 기업이었으며, 왜 인상이 깊으셨는지요?

🖥 김창주 팀장

지난해 9월에 개최된 제11회 새로운경기 게임오디션에서 우승한 이디오크라시가 기억에 남습니다. 이디오크라시의 경우, 나름 인디씬에서 꽤 인지도가 있는 기업이고, 다양한 장르의 게임 출시를 해 온 기업인데, 11회 오디션에는 세계여행을 테마로 한 영어낱말 게임인 '워드트립'으로 참여했습니다. 보통 교육용 게임은 그래픽이나 게임성 중 어느 하나라도 부족한 경우가 많은데, '워드트립'은 차원이 달랐던 것 같습니다. 심사위원들로부터 '훌륭한 그래픽을 활용해 다양한 스토리를 구성했고, 교육 게임 플레이를 동시에 즐길 수 있어서 글로벌 시장에서 좋은 결과가 기대된다'는 호평을 받았습니다. 게임 자체도 좋았지만, 수상 소감을 말하며 펑펑 눈물을 흘리시던 대표님의 모습 때문에 가장 기억에 남았습니다.

그동안 게임 개발을 하면서, 마음 고생 많았는데 보상받은 것 같아서 기쁘다는 소감과 함께, 이번 오디션에서 꼭 우승하고 돌아오겠다고 직원들과 약속했는데 그 약속을 지키게 돼서 너무 기쁘다고 말하며 눈물 흘리는 모습에 저까지 가슴이 뭉클했습니다.

🖥 이상혁 매니저

가장 인상 깊었던 우승자는 2019년도 11회 우승자인 이디오크러시의 "워드트립"이라는 게임입니다. 단어 퍼즐 장르를 이용한 스토리텔링을 풀어 나가는 재미를 주는 게임이었습니다. 사실 장르적인 부분만 봤을 때는 그렇게 신선한 소재도 아니었기 때문에 자칫 수많은 퍼즐장르의 게임 중 하나로 인식되기 쉬웠습니다. 하지만 이디오크러시는 그 퍼즐 안에 성장형 콘텐츠와 스토리텔링을 가미하였습니다. 퍼즐을 풀어 나가면서 주인공이 겪게 되는 이야기를 진행하게 되고 그에 따라 나도 같이 성장하는 느낌의 게임이었기 때문입니다. 거기에 영단어 퍼즐이라는 교육적인 측면도 존재하여 게임을 진행하면서 공부하는 느낌까지 가미하였습니다. 저는 이러한 점이 시사하는 바가 크다고 생각합니다. 게임은 예전 단순 아케이드 게임시절부터 지금에 이르기까지 수많은 장르가 만들어지고 플레이되어 왔지만, 어디까지나 창작에는 한계가 있게 마련입니다. 아무리 신박한 게임이더라도 어디선가 해 본 것 같고, 어디서나 찾을 수 있었던 게임인 것 같은 바운더리를 넘어서기는 힘든 이유이기도 합니다. 하지만 게임이 갖는 재미를 어떻게 풀어 나가느냐, 어떤 식으로 조합하여 새로운 느낌을 부여해 주느냐에 따라 같은 장르의 게임이라도 전혀 다르게 인식될 수 있다고 생각합니다. 모방은 창조의 어머니입니다. 아이디어로 승부를 해야 하는 창작의 고통에서 자유로울 수 없는 인디게임 개발사들에게는 이러한 해석방법이 하나의 좋은 방향이 될 수도 있다고 생각합니다.

❝

경기콘텐츠진흥원은 새로운경기 게임오디션 우승자에게

지속적인 후속 지원을 하고 있는 것으로 알고 있습니다.

후속 지원에는 무엇이 있으며, 후속 지원을 통한 대표적인 성공사례 하나만 말씀해 주세요.

❞

💻 김창주 팀장

새로운경기 게임오디션은 우승자뿐 아니라 TOP 10까지 후속 지원 프로그램을 제공합니다. 후속 지원 프로그램에는 QA, 마케팅, 번역, 사운드, 컨설팅 지원이 있습니다. 기업들은 천만 원 한도 내에서 상기 5개 부문 중 기업의 필요에 따라 신청이 가능합니다.

후속 지원 프로그램은 론칭 시점이 빠른 프로젝트에 우선순위를 부여하여, 완성도 있는 게임 출시를 지원합니다. 마녀의 샘으로 유명한 키위웍스나 마이 오아시스로 큰 인기를 끈 버프스튜디오 등이 후속 지원을 받은 대표 기업들입니다. 기업이 원하는 서비스를 선택할 수 있기 때문에 만족도는 매우 높은 편입니다.

🖥 이상혁 매니저

새로운경기 게임오디션에는 우승자뿐만 아니라 'TOP 10'이라 하여 각 회차별로 본선 진출한 10개의 게임들에게 후속 지원 기회를 부여합니다. 이는 각 게임이 서비스(상용화)단계로 넘어가기까지 다양한 부분에서의 투자가 진행되어야 하기 때문입니다. 그에 따라 후속 지원은 마케팅, 번역, 사운드, QA, 컨설팅(투자, 상용화) 등 상용화단계의 다양한 지원을 하고 있습니다. 중소 및 인디 개발사들이 게임 개발까지는 수많은 고민을 하나, 이를 사업화하여 지속성을 유지할 수 있는 상용화 단계의 준비는 미흡할 수밖에 없습니다. 그렇기 때문에 자칫 상용화단계의 준비가 미흡할 수 있는 부분을 후속 지원을 통해 완성도를 높입니다. 이는 서비스 능력 혹은 모객능력을 갖춘 게임으로 업그레이드시켜 드리기 위한 지원입니다. 몇 가지 성공사례라 할 만한 것들이 있습니다만, 경기게임오디션의 '트릭아트 던전'이라든지 '인간 혹은 뱀파이어' 그 외 몇몇 프로젝트들은 후속 지원을 통해 다양한 상용화 준비를 마련하여 성공적으로 론칭하였고 구글 인디게임페스티벌 상위에 랭크되는 등 추가적인 기회를 마련하였습니다. 또한 실제로 후속 지원을 통한 모객집행을 통한 유저 데이터를 확보함으로써 향후 서비스 기본 데이터로의 활용이 더욱 용이합니다.

별지 6

게임 창업을 준비하는 청년들에게 소개하는 '경기게임아카데미'만의 경쟁력

올해로 9기를 맞이하는 '경기게임아카데미'는 대한민국 유일의 게임 스타트업 전문아카데미이다. 총괄책임을 하고 있는 김창주 팀장과 이상혁 매니저를 통해 경기게임아카데미에 대해 인터뷰했다.

❝

경기게임아카데미는 영화업계의 '영화아카데미'처럼 게임 개발자들이

게임 창업을 준비하는 전문아카데미로 명성을 떨치고 있는데요….

경기게임아카데미만의 차별적인 커리큘럼이 무엇인지 알려 주세요.

❞

💻 김창주 팀장

경기게임아카데미는 국내 유일의 '게임 창업 전문아카데미'입니다. 기수별로 10개 내외 프로젝트를 선발하고, 6개월 과정으로 운영됩니다. 아카데미 과정은 2-2-2로 운영됩니다. 2개월은 기획 고도화, 2개월 창업, 나머지 2개월 동안 프로젝트 개발을 마무리하게 됩니다. 일반 게임 아카데미와의 가장 큰 차별점은 강의식 수업이 아닌 개발 전문가를 통한 철저한 1:1 멘토링 수업이 제공된다는 것입니다. 기획, 프로그래밍, 서버, 그래픽을 담당하는 강사들은 모두 판교에 소재한 대형 게임기업에서 오랜 실무 이력을 보유한 전문가들로서, 아카데미 수강생들의 완성도 높은 프로젝트 개발을 밀착 지원합니다.

또한, 기수별로 6개월 과정에 대한 평가를 진행해서, 우수 3팀을 선정하고 개

발 공간, 후속 지원 프로그램들을 지원하는 것도 큰 차별점입니다. 이외, 안전한 창업을 위해서 세무, 회계, 인사 등의 특강도 제공합니다.

💻 이상혁 매니저

경기게임아카데미는 창업에 기반한 게임 개발자 양성 프로그램입니다. 그렇기 때문에 맹목적으로 한번 경험해 보는 식의 커리큘럼이 아닌 기획, 개발에서 상용화에 이르는 게임 전 주기를 포함한 커리큘럼을 포함하고 있습니다. 이에 취업을 목표로 포트폴리오용 게임을 개발만 하는 것이 아니라 실제로 상용화까지의 경험을 할 수 있게 유도하여 내가 개발해 본 게임이 어떠한 결과를 만들어내는지에 대한 결과까지 확인할 수 있게 짜여 있습니다. 이러한 점이 다른 아카데미 사업들과는 차별화된 커리큘럼이 아닐까 합니다. 학문의 수준을 높이는 것이 아닌 실 시장에서의 경험을 중요하게 생각하여 전 주기를 경험하게 합니다. 이를 통해 자신감을 만들어 주어 졸업생들이 취업이든 창업이든 자신있게 도전할 수 있게 기회를 마련하는 것이 핵심이라고 생각합니다.

> ❝
> *게임 창업을 준비하는 청년들에게 경기게임아카데미를 추천해 주신다면*
> *어떤 장점 때문에 추천을 하시는지 알 수 있을까요?*
> ❞

💻 김창주 팀장

경기게임아카데미는 안전한 창업을 보장합니다. 게임 개발과 출시가 쉬워지다 보니, 개발력과 의욕만 믿고 섣불리 창업을 결정하는 경우가 많아지고 있습니다. 이러한 '묻지마 창업'은 상당수가 실패로 이어지기 마련입니다.

경기게임아카데미는 개인의 프로젝트 완성뿐 아니라, 치열한 게임 시장에 안전하게 진입하는 것을 도와줍니다. 전문가들의 멘토링과 같은 고민을 하는 동료들, 그리고 후속 지원을 받는 선배들까지 끈끈한 네트워크를 통해서 경험과 노하우가 전수되고 공유됩니다.

　게임 개발과 창업의 꿈을 동시에 실현하고 싶은 분들에게 경기게임아카데미를 강력히 추천합니다.

🖳 이상혁 매니저

요즘은 단지 프로그래밍, 아트워크, 기획 등 개발 기술의 습득을 여러 가지 채널을 통해 쉽게 접할 수 있게 되었고 실제로 그러한 방법이 유효하기도 합니다. 다만, 경험이 없는 사람이 혼자 게임을 만든다는 것은 시간적인 소비와 굳이 하지 않아도 될 경험을 해야 하는 비용적 손실이 존재할 수밖에 없습니다. 이에 게임산업 협업에서 개발초기부터 상용화에 이르는 풍부한 경험과 수많은 성공 레퍼런스를 보유하신 교수님들을 모시고 상용화라는 목적을 명확히 하여 그에 따라 충분한 학습과 토론, 깊은 고민들을 같이 만들어 갈 수 있는 기회를 잡을 수 있는 곳이 경기게임아카데미라고 할 수 있습니다. 듣는 것보다는 한 번 보는 것이 낫고, 보는 것보다는 한 번 실행하는 것이 낫다는 말이 있습니다. 혼자 고민하지 말고 경기게임아카데미를 통해서 같은 꿈을 꾸는 사람들과 팀을 이루고 같이 고민하며 남들과 다르게 빠르게 성장하여 결실을 볼 수 있는 것이 경기게임아카데미를 추천하는 이유입니다.

06

맺음말

06 맺음말

인디게임은 수백억 원의 개발비용을 들이는 대형 게임과는 달리 소자본으로 창업이 쉽고, 1인 또는 팀 위주로 개발하기 때문에 많은 인력이 필요하지 않다. 그만큼 리스크가 적고 아이디어와 우수한 개발능력만 있으면 단기간에 쉽게 성공할 확률이 높다. 이러한 이유로 많은 인디게임 개발자들이 게임 시장에 뛰어들고 있지만, 중도에 포기하거나 출시는 하였지만 시장에서 전혀 주목받지 못하는 경우가 많은 것도 사실이다.

이러한 현상에 대하여 Chucklefish의 프로그래머인 Tom Coxons는 "인디게임 개발자가 아무리 우수한 아이디어가 있어도 계획관리, 팀워크, 기술 개발능력, 비즈니스 전략, 게임 개발 일정관리 등이 갖추어지지 않으면 인디게임은 쉽게 성공할 수 없다"라고 주장하였다.44

인디게임 시장은 분명 게임 시장의 새로운 성장 동력이며 어려운 게임 시장을 돌파할 틈새시장임은 분명하다. 지자체와 민간 대기업에 의한 인디게임 육성 정책 및 사례들은 아직까지 단편적이거나 행사 성격에 치중되는 경우가 많다. 즉 인디게임을 위한 체계적인 정책 수립이

---

44 Gamesradar "How to make a successful indie game: practical tips to turn your ideas into reality", December 22, 2018.

부족하고, 이를 위한 실태분석이나 연구가 매우 부족한 상황이다. 그러다 보니 일부 전문가의 의견을 수렴하여 인디게임 정책을 내놓은 것이 대부분이다. 대기업에서조차도 아직까지 대형 게임 위주의 수익구조에 치우치다 보니 인디게임 시장 개척을 위한 시장조사나 전략이 부재한 것이 사실이다.

따라서 시장조사 및 성공사례의 분석, 인력양성 프로그램 개발, 엑셀러레이팅 프로그램의 육성, 민관협력 프로젝트의 활성화 등을 통해 인디게임 생태계 구축을 위한 노력을 경주해야 한다. 아울러 이러한 인디게임 생태계의 조속한 조성 및 지속가능성의 담보를 위해서는 기초, 광역, 국가 차원의 업무분담과 협력을 통해 효과적 추진체계를 구축할 필요가 있다. 가령 인력 양성 및 교육－멘토링－개발은 기초자치단체가 중점적으로 담당하고, 네트워킹－투자－퍼블리싱은 광역자치단체가 집중 지원한다. 국가적으로는 엑셀러레이팅 및 민관협력 프로젝트의 활성화와 해외진출을 지원하는 등의 방안을 검토해 볼 수 있다.

인디게임은 플랫폼의 발전과 더불어 앞으로 게임산업의 패러다임을 바꿀 수 있는 도전적인 무기임은 틀림없다. 그러나 국내에서 인디게임이 정착화되고 대형 게임사 위주의 산업구조에서 벗어나기 위해서는 인디게임을 위한 게임생태계 구조가 반드시 정착되어야 한다.

이 책의 7개의 인디게임 성공사례에서 살펴보았듯이 국내 인디게임 확산을 위해 노력하는 많은 선구자들과 개발자들이 늘어나고 있는 추세이다. 경기도의 게임생태계 모델에서 보여 주듯이 인디게임 개발자들은 현장 위주의 전문교육을 받고, 그들의 역량을 마음껏 펼칠 수 있는 새로운경기 게임오디션 같은 등용무대를 만들어 주는 것이 필요하다. 그리고 그러한 인디게임이 개발될 수 있는 공간과 그들의 끼를 글로벌로 확장할 수 있는 정책과 산업적 기반만이 국내의 게임산업을 확장할 수 있는 경쟁력이 될 것이다.

국내 인디게임 시장이 향후 그 가치를 인정받고 그 규모를 확대하기 위해서는 먼저, 인디게임에 대한 국내외 시장조사와 함께 성공사례 등을 철저히 분석할 필요가 있다. 서울시, 경기도, 부산시의 경우는 물론이고 주요 연구기관이나 국가적 차원에서 인디게임에 특화된 시장조사를 찾아보기 어렵다. 이는 무엇보다 아직까지 인디게임에 대한 명확한 정의가 없어 그 범위를 정하기가 어렵기 때문이다. 아울러 이제까지 게임이 대기업 위주의 양적 성장에 의존한 데 따른 결과로서 인디게임에 대한 인식부족에서 기인한 것으로 보인다. 시장의 수요를 분석하지 않은 사업계획은 단기간의 일시적인 이슈몰이에 그칠 확률이 높다. 전체 게임 시장에서 인디게임이 차지하는 수요나 향후 시장 확대 가능성을 조사하여 그에 맞는 전략을 수립해야 한다.

둘째, 인디게임은 1인 또는 소수의 팀에 의해 운영되기 때문에 우수한 인재발굴이 매우 중요하다. Tom Coxons2018가 주장하였듯이 성공한 인디게임이 나오기까지는 많은 준비기간이 필요하며, 프로젝트를 성공시키기 위해서는 개발에서부터 관리에 이르기까지 기업의 경영능력까지 갖출 핵심인재가 필요하다. 인디게임의 시장 확산을 위해서는 무엇보다 게임을 개발하고 이끌 인력양성 프로그램이 설치되어야 한다. 그나마 경기도의 경우 경기게임아카데미를 통해 소수의 팀을 선정하여 개발교육-창업교육-서비스 교육에 이르기까지 체계적인 교육을 진행하고 있다. 서울시와 부산시도 게임아카데미 등을 통한 교육, 게임오디션 등을 통한 인재 발굴, BIC 등을 통한 게임 홍보 등의 프로그램을 운영하고 있다. 하지만 커리큘럼의 양적, 질적 측면에서 보완해야 할 점들이 지적되고 있는 만큼 지자체 단위에서 인디게임 개발자를 발굴하고 육성하는 인력양성 정책 수립이 요구된다.

셋째, 기술창업 위주의 민간협력 엑셀러레이팅 프로그램을 인디게임 분야에도 확대 적용하려는 노력이 정부 차원에서 이루어져야 한다.

게임분야 창업은 비즈니스 구조나 퍼블리싱 구조가 다른 기술 창업분야와 다르기 때문에 이에 맞는 엑셀러레이팅 프로그램이 필요하다. 이미 일부 엑셀러레이터들이 핀테크, 블록체인, 바이오 등으로 자신의 전문 분야를 특화하여 스타트업을 발굴하고 있듯이, 게임분야 역시 인디게임에 특화된 스타트업을 발굴하고 육성할 전문 엑셀러레이터들이 많이 나와야 한다. 지자체 및 중앙 정부 차원에서 엑셀러레이터에 대한 구체적인 육성책 또는 제도는 아직까지 미비한 실정이다. 이는 인디게임의 중요성에 대한 인식이 생겨난 지가 얼마 되지 않은 데 따른 것으로 분석된다. 따라서 많은 인디게임 개발자들은 그들의 비즈니스를 전문적으로 멘토링할 멘토가 부족할 뿐만 아니라 그들이 투자받을 전문가를 만나기도 쉽지 않은 실정이다. 우수한 엑셀러레이터는 비즈니스 인적 네트워크는 물론 투자자들과의 네트워크도 잘 형성되어 있기 때문에 인디게임 개발자의 훌륭한 파트너가 될 수 있다. 민관협력 엑셀러레이팅과 민관협력 프로젝트는 해당 기업이 기업의 목표실현을 위해 주도하여 진행되는 투자이기에 자유시장 경제에서 정부가 관여하기에 한계가 있는 것도 사실이다. 그러나 공공의 마중물 역할은 국내 게임산업의 상황을 고려해 볼 때 적극적으로 고려해야 할 부분이다.

넷째, 구글과 중소벤처기업부의 '창구' 프로젝트처럼 '정부와 민간', 또는 '지자체와 민간' 등의 민관협력 프로젝트를 활성화해야 한다. 정부 및 지자체는 여러 가지 제도나 규약, 그리고 공정성과 투명성 때문에 적극적인 스타트업의 투자나 지원이 쉽지 않은 상황이다. 자칫 잘못하면 민간기업에 대한 특혜 논란에 휩싸이기 때문에 민간기업과의 협력도 쉽지 않은 것이 사실이다. 그러나 이러한 여러 가지 제약으로 인해 소극적인 정책을 펼치는 동안 수많은 인디게임 스타트업은 자금난에 허덕이거나 폐업을 하는 경우가 발생한다. 중소벤처기업부가 구글의 퍼블리싱 능력과 마케팅 능력을 인정하여 '창구' 프로젝트를 출범시키고, 중소

벤처기업부가 TIPSTech Incubator Program for Startup 운영사를 엑셀러레이터로 선정하여 스타트업 투자를 확대하듯이 정부 및 지자체는 민간기업의 비즈니스 전문성을 활용한 협력 방안을 적극적으로 모색해야 한다.

　이상 4가지 문제점 및 개선방안은 결국 인디게임 생태계 조성으로 귀결된다. 정부와 지자체 그리고 민간기업은 인디게임의 체계적인 생태계 조성을 위해 공동으로 노력해야 한다. 부분적인 자금지원이나 일시적인 이슈몰이를 위한 행사성 지원을 지양하고 인디게임이 국내에 정착할 수 있도록 인력양성부터 − 체계적인 창업교육 − 멘토링 − 개발 − 네트워킹 − 투자 − 퍼블리싱 − 해외진출에 이르기까지 단계별 체계적인 육성정책이 필요하다. 결국 단기적인 처방인 아닌 인디게임 시장에 대한 장기적인 플랜을 가지고 체계적인 생태계를 조성하는 것이 답이다. 이러한 인디게임 생태계 조성만이 향후 대한민국의 게임 시장 10년을 이끌 새로운 대안이 될 수 있다.

　코로나19 시대에 우리는 향후 대한민국의 게임 시장을 이끌 새로운 패러다임 전환이 필요하다. 그리고 지금 그 중심에 대한민국 인디게임이 서 있다.

인디게임이 몰려온다

초판발행	2021년 2월 10일
지은이	최중빈
펴낸이	안종만·안상준
편 집	박송이
기획/마케팅	정성혁
표지디자인	이미연
제 작	고철민·조영환
펴낸곳	(주) **박영사**
	서울특별시 금천구 가산디지털2로 53, 210호(가산동, 한라시그마밸리)
	등록 1959. 3. 11. 제300-1959-1호(倫)
전 화	02)733-6771
f a x	02)736-4818
e-mail	pys@pybook.co.kr
homepage	www.pybook.co.kr
I S B N	979-11-303-1132-6 93300

* 파본은 구입하신 곳에서 교환해 드립니다. 본서의 무단복제행위를 금합니다.
* 저자와 협의하여 인지첩부를 생략합니다.

정 가	10,000원